AF532890

Unterwegs in
ISLAND

Unterwegs in Island

Zu diesem Buch

Island ist ein Land extremster Kontraste: In seiner kargen Landschaft zeigen sich die Elemente Erde, Feuer, Wasser und Luft besonders spektakulär – aktive Vulkane, tiefgrüne Täler, von Gletschern geformte Fjorde, schwarze Strände. In jeder Himmelsrichtung offenbaren sich unfassbare Naturschätze: der unberührte, schroffe Norden, die Naturhäfen und Waldgebiete im Osten, die spektakuläre Küstenlinie des Südens und der wilde Westen mit Vulkanen und Wasserfällen. Und die kreative und pulsierende Ader bildet allen voran Reykjavík.

Inhalt

Oben: In der untergehenden Sonne wirken die Wassermassen des Gullfoss besonders dramatisch.
Bilder auf den vorherigen Seiten:
S. 2/3: Zu den spektakulärsten Orten der Westfjorde zählt ohne Zweifel die Küste von Strandir.
S. 4/5: Basaltsäulen türmen sich beim Reynisfjall (»Vogelfelsen«) am schwarzen Strand von Vík í Mýrdal auf.
S. 6/7: Islandpferde streifen durch die von Schwefel gefärbte Landschaft. In der warmen Jahreszeit können sie sich weitgehend frei bewegen.

HIGHLIGHTS *

❶ Konzerthaus Harpa, Reykjavík
Der spektakuläre Bau am alten Hafen ist von außen ein Hingucker und innen ein Kulturzentrum ersten Ranges.

❷ Þingvellir-Nationalpark
In der »Allmännerschlucht« im Nationalpark wurde die isländische Demokratie geboren.

❸ Vestmannaeyjar
Die Inseln vor der Südküste gehen auf unterseeische Vulkane zurück.

❹ Landmannalaugar
Unzählige Wanderer und Trekkingfreunde zieht es in die farbenprächtigen Rhyolithberge von Landmannalaugar.

❺ Lakagígar
Das Gebiet eines verheerenden Vulkanausbruchs im 18. Jh. ist heute mit grünem und gelbem Moos überzogen.

❻ Vatnajökull
Islands größter Gletscher ist das Zentrum eines großen Nationalparks.

❼ Askja
Zwei Seen schuf der Vulkan bei seinem Ausbruch 1875: den Öskjuvatn und den leuchtend blauen See im Víti-Krater.

❽ Dettifoss
Mit 100 Meter Breite und 45 Meter Fallhöhe ist der Dettifoss einer der eindrucksvollsten Wasserfälle Europas.

❾ Mývatn
Vielfältige vulkanische Naturwunder sind rund um den »Mückensee« zu bewundern, Thermalquellen ebenso wie die Pseudokrater von Skútustaðir.

❿ Akureyri
»Perle des Nordens« wird die zweitgrößte Stadt Islands auch genannt.

⓫ Hornstrandir
Wer Wildnis und Einsamkeit sucht, ist auf der nordwestlichsten Halbinsel Islands am richtigen Ort.

⓬ Snæfellsjökull
Der sagenumwobene Berg erhebt sich an der Spitze der Snæfellsnes-Halbinsel.

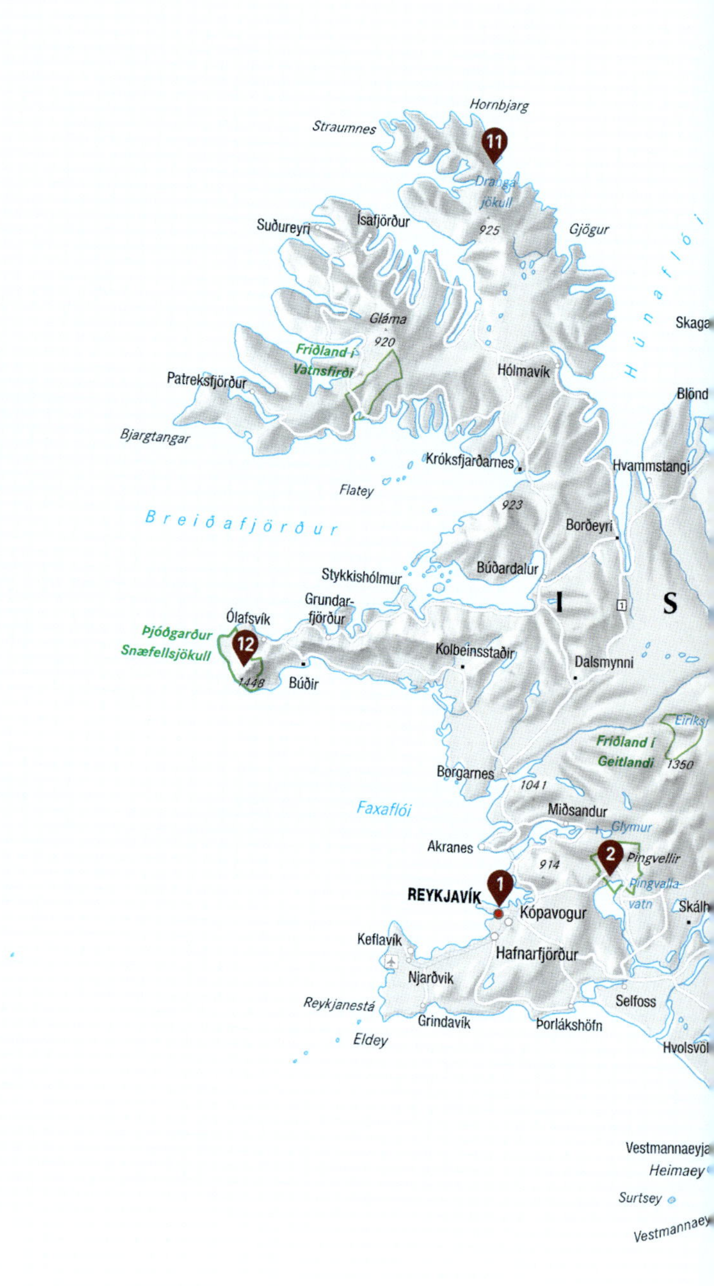

Kolbeinsey
Grimsey
Raufarhöfn
Fontur
Kópasker
Þórshöfn
Siglufjörður
Húsavík
Bakkafjörður
Ólafsfjörður
Dalvík
1210
Vatnajökuls-
þjóðgarður
(Jökulsárgljúfur)
Hofsós
Grenivík
Jökulsá á Fjöllum
Vopnafjörður
Kollumúli
891
Sauðárkrókur
10
Krafla
8
Dettifoss
Vopnafjörður
818
Héraðsvötn
Akureyri
9
1
Goðafoss
1387
Mývatn
Grímsstaðir
1035
Smörfjöll
1251
Borgarfjörður
Eldjarns-
staðir
1055
Blanda
Mýri
Möðrudalur
Seyðisfjörður
Egilsstaðir
Herðubreið
Neskaupstaður
Sprengisandur
1682
7
Jökulsá á Brú
Eskifjörður
Skjálfandafljót
A
N
D
Ódáðahraun
1510
Fáskrúðsfjörður
Hofsjökull
1765
Þrándar-
jökull
1248
Djúpivogur
Bárðarbunga
Papey
Þjórsá
6
1920
Kaldakvísl
2000
Vatnajökull
Grímsvötn
1719
Þórisvatn
Kálfafells-
staður
Vatnajökuls-
þjóðgarður
Höfn
5
Mýrabugur
1
Öræfajökull
818
2110
4
Kálfafell
Hvannadalshnúkur
Ófærufoss
Fagurhólsmýri
Skeiðarársandur
1190
Ingólfshöfði
Katla
Meðallands-
bugur
1450
Skógafoss
ISLAND
Dyrhóley
Vík
í Mýrdal

Die schönsten Reiseziele

»Die Insel aus Feuer und Eis«, besser kann man Europas westlichstes Land wohl nicht beschreiben. Die größte Vulkaninsel der Welt wird von Wüsten, Wasserfällen, Vulkanen und Gletschern geprägt. Rund zwei Drittel Islands sind Ödland. So ist es nicht verwunderlich, dass hier nur gut 320 000 Menschen den Naturgewalten trotzen. Über die Hälfte der Isländer lebt im Großraum Reykjavík, der Rest in der Nähe der Küste. Jahr für Jahr zieht es unzählige Besucher in das Land der Extreme. Geografisch gegliedert werden nachfolgend alle sehenswerten Reiseziele vorgestellt, dabei wird zur leichteren Einordnung jeder Ort nach Attraktivität oder kulturellem Rang mit einem, zwei oder drei Sternen bewertet. Bild: Der Goðafoss, der »Wasserfall der Götter«, ist zwar nur zwölf Meter hoch, seine Wassermassen beeindrucken dennoch jeden, der hier Halt macht.

Höfuðborgarsvæðið und Suðurnes

In der Metropolregion rund um Reykjavík leben die meisten Isländer. Hier pulsiert das Leben: Zahlreiche Bildungseinrichtungen, Theater und Galerien, ein wichtiger Hochseehafen und eine vielseitige und faszinierende Naturlandschaft in unmittelbarer Nähe machen die Stadt besonders attraktiv. Bild: Blick auf das winterliche Reykjavík mit der Perlan, dem Warmwasserspeicher der Stadt, im Vordergrund.

Unterwegs in Reykjavík

Reykjavík ist das unumstrittene wirtschaftliche, kulturelle und politische Zentrum Islands. Nach dem Zweiten Weltkrieg steigerte sich die Stadt in einen regelrechten Bauboom hinein, moderne Bürotürme und Apartmenthäuser entstanden. Mittlerweile leben zwei Drittel der Isländer im Großraum Reykjavík, ein Ende der Landflucht ist nicht abzusehen.

Die Stadtsilhouette von Reykjavík prägt die 73 Meter hohe Hallgrímskirkja.

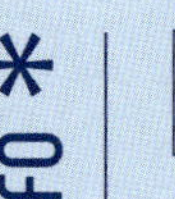

HÖFUÐBORGARSVÆÐIÐ UND SUÐURNES

Die Hauptstadtregion (Höfuðborgarsvæðið) und die südliche Halbinsel (Suðurnes, früher Reykjanes) sind zwei der acht Regionen in der Verwaltungsgliederung Islands

Verwaltungszentren
Höfuðborgarsvæðið: Reykjavík
Suðurnes: Keflavík

Fläche
Höfuðborgarsvæðið: 1042 km²
Suðurnes: 818 km²

Bevölkerung
Höfuðborgarsvæðið: 228 231
Suðurnes: 21 359

Bevölkerungsdichte
Höfuðborgarsvæðið: 219 Einwohner/km²
Suðurnes: 26,35 Einwohner/km²

Zum jährlichen »Winter Lights Festival« ist das Gotteshaus farbenprächtig beleuchtet.

Es war Ingólfur Arnarson, ein Wikinger aus Norwegen, der sich hier als Erster niederließ. Als er Norwegen verlassen musste, nahm er mit seiner Familie Kurs auf Island. Die Insel in Sichtweite, warf er nach alter Sitte die Hochsitzpfeiler seines ehemaligen Hauses ins Meer und gelobte, sich dort niederzulassen, wo sie angeschwemmt würden. Bis dahin schlug er sein Lager auf der kleinen Insel Ingólfshöfði vor der Südküste auf. Erst nach einigen Jahren fanden seine Sklaven die Pfeiler in einer Bucht an der Südwestküste. Wegen der Dampfsäulen nannte Arnarson sie Reykjavík – »Rauchbucht«.

***** Alt-Reykjavík** Das zwischen dem historischen Hafen und dem Tjörnin-See gelegene Viertel präsentiert sich heute als lebendiges, modernes großstädtisches Zentrum mit zahlreichen Einkaufs- und Ausgehmöglichkeiten. Die historische Bebauung wurde an vielen Stellen durch moderne Zweckbauten ersetzt. Dennoch haben sich einige sehenswerte historische Gebäude erhalten wie das um 1850 errichtete Falkenhaus, in dem für den Export bestimmte isländische Falken gefangen gehalten wurden. In dem direkt am See gelegenen Iðnó, einem adretten Holzbau aus dem Jahr 1897, ist heute ein Café untergebracht, in dem Theateraufführungen stattfinden. Reykjavíks neues Rathaus wurde 1992 auf einer eigens für diesen Zweck aufgeschütteten Insel im See errichtet. Es gilt als Paradebeispiel postmoderner Architektur. Das isländische Parlament residiert seit 1973 in einem historischen Gebäude, das 1880 gegenüber der Kirche errichtet wurde.

1 ***** Hallgrímskirkja** Islands größtes Kirchengebäude ist das von Weitem sichtbare Wahrzeichen der Hauptstadt. Die Aussichtsplattform des Glockenturms bietet einen großartigen Blick über die Stadt. Das 1986 zur 200-Jahr-Feier der Stadt eingeweihte Gotteshaus wurde nach dem Pfarrer und Dichter Hallgrímur Pétursson (1614–1674) benannt. Der lange Zeit nicht unumstrittene Kirchenentwurf stammt vom ehemaligen Staatsarchitekten Guðjón Samúelsson, der auch das Hauptgebäude der Universität, das Nationaltheater, den katholischen Dom und die Kirche in Akureyri entwarf. Die Hallgrímskirkja ist sein letztes Werk. In der außergewöhnlichen Architektur dieses Gotteshauses wollte Samúelsson die wiederkehrenden Elemente der Insellandschaft darstellen: Die Betonpfeiler an der Front symbolisieren Basaltsäulen, das Weiß erinnert an die Gletscher, die die Insel prägen. An Silvester feiern die Menschen auf dem Platz vor der Kirche gern mit Feuerwerk den Jahreswechsel.

Restaurants

Die Stadt wartet mit einigen erstklassigen Restaurants auf. Als aufsteigender Stern am Gourmethimmel gilt das Matur og Drykkur. Hier konzentriert man sich auf die regionale und traditionelle Küche mit einem modernen Touch. Das Lokal liegt in einer alten Salzfischfabrik, fünf Minuten vom Zentrum entfernt. Ein Sechs-Gang-Menü erhält man ab 12900 Kronen. Ein weiterer Tipp ist das Dill Restaurant, ein kleines Lokal mit maximal 30 Plätzen. Reduziert aufs Wesentliche – so lässt sich die Idee des Hauses zusammenfassen, das zu den besten der ganzen Stadt zählt. Angeboten werden wechselnde Menüs. Eine gute Restaurantübersicht bietet www.visitreykjavik.is/wine-dine.

Vor der Kirche steht die Statue von Leif Eriksson, der wohl als erster Europäer Nordamerika betrat.

Von der Hallgrímskirkja aus hat man einen schönen Blick über die Stadt und das Meer.

Hin und wieder ragen Turmspitzen unter den roten und gräulichen Häuserdächern hervor.

Die Haupteinkaufsstraße von Reykjavík ist der Laugavegur.

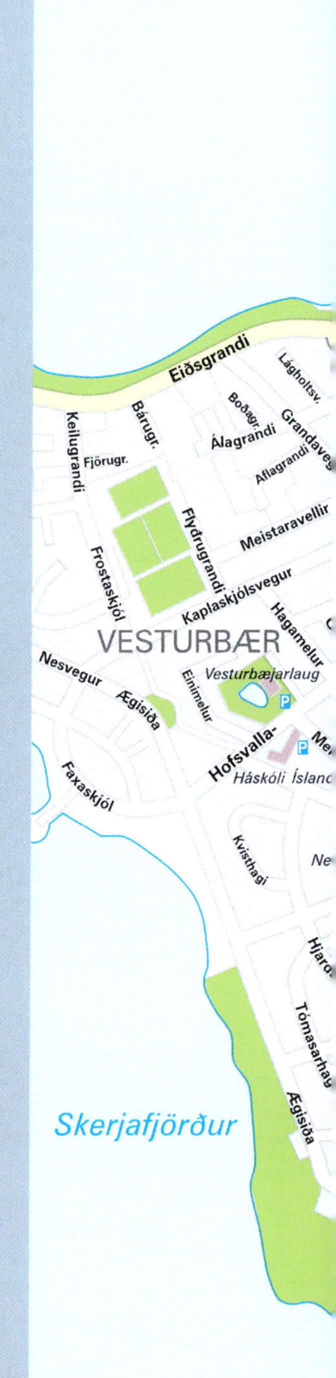

Je nach Wetter wechselt die wabenartige Fassade ihre Farben.

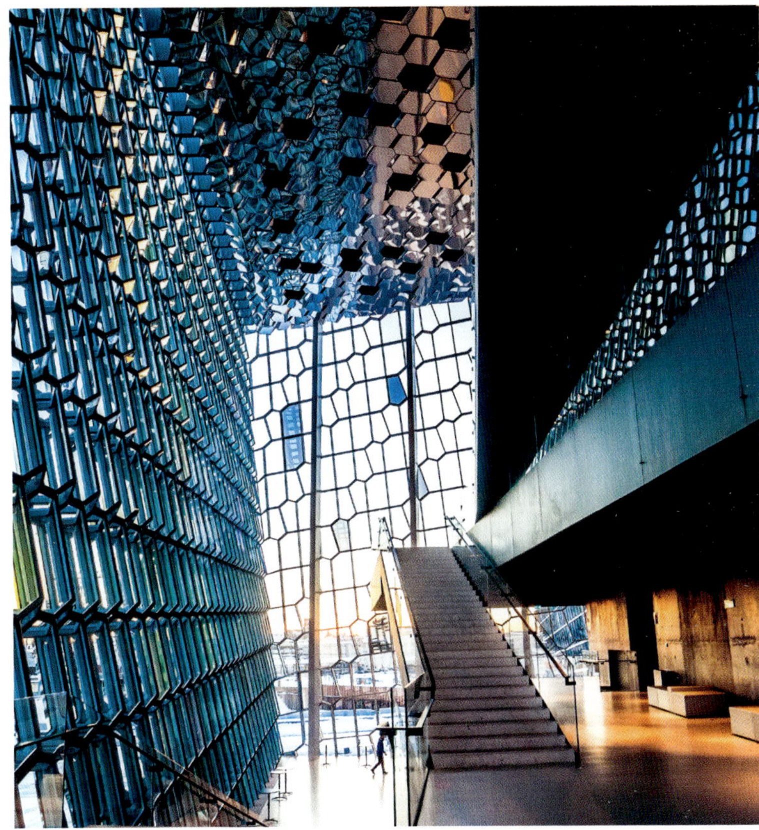

Die einzigartige Lichtgebung und die Wabenform setzen sich im Inneren der Harpa fort.

2 ** Konzerthaus Harpa Das 2011 eröffnete Konferenzzentrum und Konzerthaus ist das neueste Wahrzeichen der isländischen Hauptstadt. Entworfen hat es das Kopenhagener Architekturbüro Henning Larsen, die ungewöhnliche Fassade stammt vom isländischen Künstler Olafur Eliasson. In dem asymetrisch-kubischen Gebäude direkt am Meer haben das isländische Symphonieorchester und die isländische Oper ihre Spielstätte. Das Logo besteht aus zwölf ringförmig angeordneten Stimmgabeln, die für die zwölf Monate des Jahres stehen. Die vier Farben im Logo – Feuerrot, Silbergrau, Blauviolett, und Goldgelb – wiederholen sich in den vier großen Konzertsälen: Feuerrot für Eldborg (»Feuerburg«, der Krater eines Vulkans), Silbergrau für Silfurberg (»Silberfels«, ein doppelbrechender Kalkspat), Blauviolett für Norðurljós (»Nordlicht«) und Goldgelb für Kaldalón (eine eisige Bucht in den Westfjorden).

Allein schon die Fassade der Harpa bietet ein Schauspiel – mit Einbruch der Dämmerung spiegeln sich nicht nur Himmel und Umgebung, die Waben werden auch abwechselnd beleuchtet.

Nightlife: Cafés, Bars und Clubs

Seit der Eröffnung 2009 ist das Austur einer der angesagtesten Clubs der Stadt. Entsprechend beliebt ist die Location bei Einheimischen und Touristen: Es heißt »sehen und gesehen werden«. Alternativ bietet das Café Rosenberg im Herzen der Stadt jede Menge Live-Konzerte. Das Interieur erinnert an die berühmten Jazzclubs der 1920er-Jahre. Von früh bis spät kann man im Slippbarinn im Icelandair Hotel Marina das echte Reykjavík erleben. Die Konzerte reichen von Jazz über DJ-Events bis zu Pop-up-Shows. Wer dagegen eine echte Bierbar mit 25 bis 30 Sorten sucht, ist in der Ölstofan richtig. Hier verkehren einheimische Intellektuelle genauso wie Studenten. Eine tolle Erfahrung ist es auch, bei einem »Reykjavík Bar Crawl« mitzumachen.

**** Alter Hafen** Reykjavíks alter Hafen – erbaut zwischen 1913 und 1917 – ist ein idealer Ausgangspunkt für einen Spaziergang. Überragt wird das Gelände von der 2011 eröffneten Konzert- und Kongresshalle Harpa, mit der das Areal neuen Schwung erhielt und die den Übergang zum Industriehafen Sundahöfn bildet. Wer mag, kann einfach am Kai entlangspazieren oder die restaurierten, ehemaligen Fischerhütten bestaunen, die heute Cafés, Restaurants und Geschäfte beheimaten. Von hier starten auch zahlreiche Exkursionen aufs Meer hinaus oder einige der oftmals kostenlosen Stadtführungen. Kulturell hat der Hafen ebenfalls eine Menge zu bieten, beherbergt das Gelände doch zahlreiche Museen: unter anderem das Reykjavíker Kunstmuseum, das Reykjavík Maritime Museum oder das Volcano House.

*** Sundahöfn** An das alte Hafengelände schließt sich östlich hinter der futuristisch anmutenden Konzert- und Kongresshalle Harpa der neue Hafen Sundahöfn an. Dort legen vor allem die riesigen Container- und Kreuzfahrtschiffe an, die für den alten Hafenteil zu groß sind. Der Kontrast zwischen den beiden Häfen könnte kaum spannungsreicher sein – dort malerisch historisch, hier modern und industriell. Bis zu zwölf Meter Tiefgang sind in Sundahöfn möglich. Im Sommer vergeht kaum ein Tag, an dem nicht ein Kreuzfahrtschiff einläuft, teilweise sind es sogar sechs pro Tag.

Früh morgens regt sich noch nicht viel am Hafen.

4 *** Whales of Iceland Exhibition

Das Museum, das unter anderem mit dem lokalen Meeresforschungsinstitut zusammenarbeitet, zeigt alles rund um die Walarten, die sich in den Gewässern vor Island tummeln, und ist das größte seiner Art in Europa. Beeindruckend sind die mehr als 20 Modelle in Originalgröße. Herzstück ist das Modell eines 25 Meter langen Blauwals. Zudem gibt es einige interaktive Stationen, die den Besuchern das Leben der teils gigantischen Meeresbewohner näher bringen, seit Neuestem ergänzt durch eine Ausstellung zum Thema Walschutz Wer möchte, der kann zudem in einer eigens geschaffenen virtuellen Welt zumindest digital in Kontakt mit den Riesensäugern treten. Für Gruppen werden spezielle Touren angeboten.

Stimmungsvoll tauchen die letzten Sonnenstrahlen den alten Hafen mit dem Konzerthaus Harpa in goldenes Licht.

Whale Watching

Island ist ein Dorado für Walbeobachter. Je höher es gen Norden geht, desto größer ist das Angebot. Doch auch von Reykjavík aus lassen sich zahlreiche Touren buchen bzw. starten. Angebote gibt es direkt im alten Hafen der isländischen Hauptstadt. Nahezu bei 100 Prozent liegt die Garantie, bei einem Ausflug neben Delfinen, Robben und Seehunden auch tatsächlich die geheimnisvollen Bewohner des Meeres zu sehen. Vor den Küsten ziehen Schwertwale (Orcas) genauso entlang wie beispielsweise der nördliche Zwerg- und der Entenwal, der Grindwal oder der Schweinswal. Stars der Meere sind jedoch die imposanten Buckelwale. Sie alle lieben die warmen und planktonreichen Gewässer vor der Küste, für die der Golfstrom sorgt.

Fisch

Nahe Island treffen im Nordatlantik die Ausläufer des warmen Golfstroms mit kalten Strömungen aus den Polarregionen aufeinander. Dort ist das Meer reich an Sauerstoff und Plankton, woraus ein großer Fischreichtum resultiert. Von den rund 300 vorkommenden Fischarten haben Hering, Dorsch und Lodde die größte wirtschaftliche Bedeutung, gefolgt von Scholle, Rotbarsch, Seewolf, Heilbutt, Steinbutt und Schellfisch. Sowohl

in Binnengewässern als auch im Meer anzutreffen sind Lachse, Forellen, Aale und Saiblinge. Heute sind zwar nur noch rund zehn Prozent der Isländer Fischer, doch zusammen mit der Fisch verarbeitenden Industrie ist dieser Wirtschaftszweig von herausragender Bedeutung für die Insel und für rund die Hälfte aller Exporte verantwortlich. Welch vitale Bedeutung die Fischerei für die Isländer besitzt, zeigte sich seit den 1950er-Jahren in den sogenannten Kabeljaukriegen. Gegen heftigen Widerstand vor allem aus Großbritannien dehnte Island damals seine Fischereigrenzen von drei auf 200 Seemeilen aus. Endgültig konnten die Streitigkeiten erst in den 1970er-Jahren mithilfe der NATO beigelegt werden, die mitten im Kalten Krieg fürchtete, die strategisch wichtige Nordatlantikinsel als Mitglied zu verlieren.

Iceland Airwaves

Fünf Tage Musik pur gibt es alljährlich, wenn die internationale Musikszene Anfang November in Reykjavík zu Gast ist. Das Airwaves-Festival zieht Stars wie Björk oder Kraftwerk genauso an wie unbekannte Künstler. Gespielt wird in klassischen Clubs, aber auch in Buchshops, Kinos oder kleinen Kneipen. Mittlerweile reisen Tausende Musikliebhaber im nasskalten Herbst nach Island. Für viele ist das Airwaves aber nicht einfach nur ein Festival, sondern ein Statement isländischer Musikkultur. Mit dem Gespür für Trends von morgen schaffen es die Veranstalter, beinahe jeden Musikgeschmack zu treffen – von Elektro-Pop über Garagen-Rock und Soul bis Punk. Neben dem offiziellen Programm (»on-venue«) gibt es auch eines, das parallel läuft (»off-venue«), häufig mit kostenlosen Gigs.

5 **** Hljómskálagarður** Der Hljómskálagarður ist der älteste Park der Stadt. Er liegt an der östlichen Seite des Sees Tjörnin. Benannt ist die Grünanlage nach dem achteckigen Konzertsaal Hljómskálinn, der gleich beim Betreten des Parks ins Blickfeld gerät und aus dem Jahr 1923 stammt. 1930 wurde an dieser Stelle eine Hochschule für Musik gegründet. Ursprünglich gab es sogar die Idee, bei schönem Wetter auf dem Dach Konzerte stattfinden zu lassen. Sehenswert im Hljómskálagarður sind unter anderem die von Einar Jónsson errichtete Statue des romantischen Dichters und Nationalhelden Jónas Hallgrímsson (1807–1845) und das Selbstbildnis des isländisch-dänischen Bildhauers Bertel Thorvaldsen (1770–1844), der als einer der wichtigsten Vertreter des Goldenen Zeitalters in Dänemark galt.

Blick auf die Fríkirkja, die lutherische Freikirche mit ihren grünen Dächern, im herbstlichen Park Hljómskálagarður.

6 * Tjörnin** Er ist der Stadtsee Reykjavíks und einer der bekanntesten in ganz Island. Noch im 18. Jahrhundert war der Tjörnin die südliche Grenze der Stadt. Heute liegt er inmitten der Altstadt und ist beliebt bei Jung und Alt. Am Ufer befinden sich unter anderem das Rathaus, das in den See hineingebaut wurde, ganz in der Nähe das Parlamentsgebäude, die Nationalgalerie sowie der berühmte Menntaskólinn, Islands ältestes Gymnasium. Der See ist zudem Lebensraum für zahlreiche Vögel: Insgesamt mehr als 40 Arten leben dort. Im Winter wird aus dem ansonsten kristallklaren Wasser des Sees eine große Eisfläche, auf der sich unter anderem die möglichen Eishockeystars von morgen tummeln.

*** Sculpture & Shore Walk** Einen kostenlosen kulturellen Spaziergang bietet der im alten Hafen seinen Anfang nehmende und entlang der Waterfront bis zum Gästehaus Höfði führende Walk. Unterwegs findet man beispielsweise die 2002 entstandene, 130 Meter breite Steinskulptur von Sigurður Guðmundsson genauso wie das von Jón Gunnar Árnason gestaltete Sonnenschiff, in dem viele ein stilisiertes Wikingerschiff sehen, das über dem Wasser zu schweben scheint. Ebenso sehenswert sind Pétur Bjarnasons Kunstwerk »Partnership«, das an eine übergroße Harpunenspitze erinnert, und Jóhann Eyfells Skulptur »Íslandsvarðan«, die wie ein Kreis aus Lavagestein aussieht.

Auf dem Reykjavíkurtjörn wird im Winter Eishockey gespielt.

***** Museen** Die Stadt wartet mit einigen hochkarätigen Museen auf. Das Nationalmuseum präsentiert nach aufwendigem Umbau einen multimedialen Einblick in die Kulturgeschichte des Landes von der einstigen Besiedlung bis zur Gegenwart. Einen Höhepunkt in der Museumslandschaft bildet das Ásmundur-Sveinsson-Museum im ehemaligen Atelier des Künstlers. In dem strahlend weißen, lichtdurchfluteten, von ihm selbst entworfenen Betonbau sowie im Garten sind seine eigenwilligen Skulpturen zu bewundern. Einen Besuch wert ist auch das Þjóðmenningarhúsið, das Nationale Zentrum für Islands kulturelles Erbe. Im Kjarvalsstaðir sind die Werke des bekanntesten isländischen Malers Jóhannes Sveinsson Kjarval (1885–1972) ausgestellt. Kjarval ist vor allem durch seine realistischen Darstellungen der isländischen Landschaft, seine mystischen Elfen, Trolle und Sagenfiguren bekannt. In einem der Tanks auf dem Hügel Öskjuhlið befindet sich das Saga-Museum, das die Frühgeschichte des Landes beleuchtet. Alles über die Seefahrt erfährt man im Schifffahrtmuseum. Skurril und nicht ganz jugendfrei ist das 1997 gegründete Phallusmuseum (Reðursafnið) mit rund 280 Exponaten.

7 ** Öskjuhlið und Perlan Unübersehbar thront auf dem 61 Meter hohen Hügel namens Öskjuhlið Reykjavíks Wahrzeichen, der Glaskuppelbau Perlan (»die Perle«). Das futuristisch anmutende und eindrucksvolle Gebäude

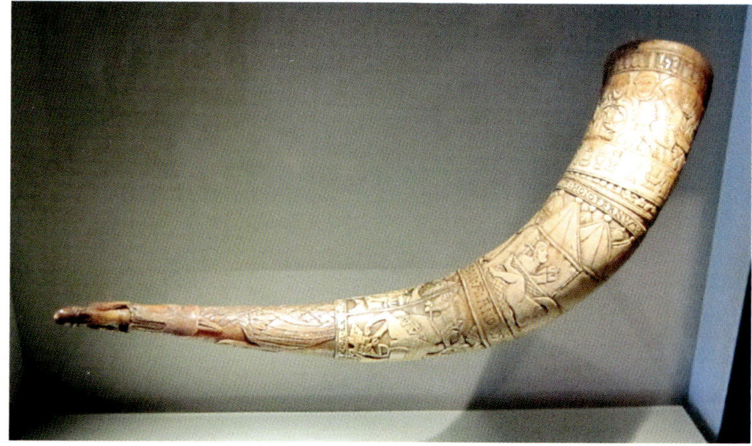

Das Wikingerhorn befindet sich im Nationalmuseum.

Im Ásmundur-Sveinsson-Museum sind Skulpturen des Künstlers zu bewundern.

ist auf sechs Heißwassertanks gebaut. Fünf dieser Tanks sind gefüllt und versorgen die Hauptstadt Islands mit warmem Wasser. Der sechste ist als Kulturzentrum umgebaut, in ihm befindet sich das bekannte Saga-Museum, in dem Szenen des Wikingerlebens nachgestellt sind. Von der Aussichtsplattform im 4. Stock erwartet den Besucher ein herrlicher Blick, während das Restaurant in der Kuppel in der 5. Etage sich in zwei Stunden komplett um seine eigene Achse dreht. Abends leuchten rund 1000 Lichter unter der Decke und erinnern an einen Sternenhimmel. Tagsüber zeigen sich von außen durch die Sonne spektakuläre Lichtzaubereien auf der gläsernen Perle.

Auf dem Hügel Öskjuhlið befindet sich in einem der Tanks das Saga-Museum, das die Frühgeschichte des Landes beleuchtet. In den fünf anderen Tanks lagert das Heißwasser für die Hauptstadt.

Einar Jónsson

Islands vielleicht bekanntester Bildhauer war unter anderem Schüler von Stephan Sinding an der Königlichen Akademie in Kopenhagen. Doch nicht ausschließlich sein künstlerisches Wirken oder die teils heroischen und monumentalen Kunstwerke ließen Jónsson quasi zu einem Nationalhelden werden. Der 1848 geborene Künstler schenkte sämtliche Werke noch zu Lebzeiten dem isländischen Volk. Einzige Bedingung: Jónsson wollte ein eigenes Museum haben, das schließlich 1923 auf dem Hügel Skolavördurhaed nach langem Ringen in der Politik tatsächlich eröffnet wurde. Heute beherbergt der Garten (kostenlos zu besichtigen) zahlreiche Bronzeskulpturen. Doch allein der Betonbau, der nach Jónssons Plänen entstand, und in dem sich das Museum befindet, ist sehenswert.

Die Wikinger

Ob schon der griechische Navigator und Astronom Pytheas von Massilia im 4. Jahrhundert auf seiner Forschungsreise Island entdeckt hat, ist unklar. Gesichert ist dagegen der Aufenthalt irischer Mönche, die ab dem 7. Jahrhundert die Insel während der Sommermonate zum Beten und Meditieren nutzten. Doch als die ersten Wikinger auftauchten, verließen sie sie fluchtartig. Der norwegische Wikinger Naddoddur gilt als erster

nordischer Entdecker Islands. Mitte des 9. Jahrhunderts war er auf dem Weg auf die Färöer, kam vom Kurs ab und erreichte den Südosten Islands, segelte aber bald wieder gen Heimat. Den schwedischen Wikinger Garðar Svarvarsson verschlug ein Sturm nach Island, er blieb und überwinterte in der Nähe von Húsavík. Der nächste Wikinger war Flóki Vilgerðarson, der mit seinem gesamten Hausstand gen Island aufbrach, um sich dort niederzulassen. Doch nach einem harten Winter hatte er genug und machte sich wieder auf den Heimweg. Nach ihm kam 874 Ingólfur Arnarson, der sich schließlich in der Bucht von Reykjavík niederließ. Mit ihm begann die Besiedlung Islands, die etwa bis zum Jahr 930 dauerte, dann war alles fruchtbare Land vergeben. Das »Landnámabók«, Landnahmebuch, verzeichnet etwa 400 nordische Einwanderer.

Sagenhaftes Island

Die Sagas sind Islands wichtigster Beitrag zur Weltliteratur – nirgendwo sonst entstand im Mittelalter eine solch spannende, in der Volkssprache abgefasste Erzählliteratur. Ihre Autoren sind nicht überliefert, denn die Originale gingen verloren. Im Allgemeinen sind Sagas eine Mischung aus Fiktion und Geschichtsschreibung, sie berichten über die Beziehungen und Streitigkeiten zwischen Familien und Sippen. Sie handeln von Liebe,

Recht, Macht und Versöhnung, fast immer werden vielschichtige Charaktere gezeichnet, in einer kraftvollen, manchmal derben Sprache. Königssagas erzählen von nordischen Herrscherdynastien und reichen bis ins 9. Jahrhundert zurück. Die bekannteste Königssaga ist die von Snorri Sturluson aufgezeichnete »Heimskringla«, in der zum ersten Mal Geschichte chronologisch erzählt wird. Als Meisterstück der Isländersagas gilt die »Njáls Saga«, die von menschlichen und gesellschaftlichen Konflikten handelt. Ebenfalls zu dieser Zeit sind die »Egils Saga«, die das Leben des Skalden Egill Skallagrímsson schildert, und die »Grettis Saga«, die vom Geächteten Grettir erzählt, entstanden. Die im Saga-Museum von Reykjavík nachgestellte Szene zeigt die Schlacht von Örlygsstaðir im Jahr 1238, die mit einer vernichtenden Niederlage der Sturlungar endete.

Unterwegs um Reykjavík

Weit reisen muss man nicht, um die isländische Natur und ihre vielfältigen Landschaften und Lavaformationen zu erleben, denn rund um die isländische Hauptstadt finden sich lohnende Naherholungs- und Naturschutzgebiete. Das Esja-Gebirge ist ein beliebtes Wander- und Kletterziel, und Vogelfreunde und Ornithologen kommen nicht nur auf der Insel Viðey vor Reykjavík auf ihre Kosten.

Das Umland des Flusssytems Elliðaár ist ein beliebtes Naherholungsgebiet.

***** Viðey** Die Insel im Kollafjörður ist vulkanischen Ursprungs und lag bis vor 9000 Jahren noch unter Wasser. Besiedelt wurde sie im 10. Jahrhundert. Bekannt ist Viðey heute vor allem wegen des Imagine Peace Tower zum Gedenken an John Lennon. Auch historisch hat die Insel Bedeutung: Ab 1755 diente sie dem Landvogt Skúli Magnússon Viðeyjarstófa als Amtssitz. Das Gutshaus zählt zu den ältesten Steingebäuden Islands. Auch die zweitälteste heute existierende Kirche des Landes ließ der Vogt 1774 bauen. Heute ist die Insel Brutstätte vieler Vogelarten und bei Ausflüglern und Naturfreunden beliebt.

**** Elliðaárdalur** Wer ein wenig Erholung mitten in der Stadt sucht, der findet Ruheplätze genauso wie andere Freizeitmöglichkeiten im Elliðaárdalur. Radfahrer, Spaziergänger, Jogger, Reiter – die kleine Oase (gerne auch »Central Park Reykjavíks« betitelt) hilft, um Kraft zu tanken oder einen Moment der Ruhe zu genießen. Mitten durch das Naherholungsgebiet zieht sich die Elliðaár, die Namensgeberin des Tals. In dem kleinen Fluss haben Saiblinge, Lachse und Forellen ihre Heimat gefunden. Mit der entsprechenden Angellizenz können sich auch Urlauber zwischen Juni und August auf Fischfang begeben. Zudem kommen Ornithologen auf ihre Kosten: Rund 60 Arten, darunter verschiedene Schwan- und Entengattungen sowie Singvögel, leben hier.

Hausberg von Reykjavík ist der 914 Meter hohe Esja.

**** Naturschutzgebiet Heiðmörk** Im Süden und Südwesten Reykjavíks liegt das Naturschutzgebiet Heiðmörk. Noch heute findet man in dem etwa 3200 Hektar großen Areal zahlreiche Lavafelder, Vulkankrater und Pseudokrater, was durch die Lage in der Riftzone des Mittelatlantischen Rückens und in der westlichen (aktiven) Vulkanzone Islands begründet ist. Lange lag das Gebiet mehr oder weniger brach. Eine Geschichte, die Einheimische erzählen, besagt, dass der Grund für die Abholzung im einstigen Schiffsbau der Wikinger zu suchen ist. Nach der Wiederaufforstung der vergangenen Jahrzehnte – Millionen neue Bäume wurden gepflanzt – ist das Gebiet ein Dorado für Wanderer, Radfahrer und Reiter. Auch rund 150 Pflanzen- und Blumenarten sowie 60 Vogelarten haben in Heiðmörk eine Heimat gefunden.

***** Esja** Bei klarer Sicht erscheint das majestätisch wirkende Bergmassiv gegenüber der Stadt nur eine Handbreit entfernt. Dabei liegt der bis zu 914 Meter hohe Gebirgszug etliche Kilometer vor der Hauptstadt, wird aber dennoch als Einheit mit Reykjavík wahrgenommen. Optisch erinnert die Erhebung ein wenig an den Tafelberg von Kapstadt. Auch die Esja ist gern von Wolken umhüllt. Im Winter, dann schneebedeckt, schützt sie Reykjavík vor den bitterkalten Nordwestwinden. Das Esjagebirge – es reicht von Kollafjörður bis zum Hátindur – ist darüber hinaus ein beliebtes Naherholungs-, Wander- sowie Kletterziel. Es gibt zahlreiche Wege und (zum Teil äußerst anspruchsvolle) Klettersteige – eingeteilt und nummeriert nach Schwierigkeitsgraden von 1 bis 3 –, die zu den unterschiedlichen Gipfeln führen. Oben angekommen, wird der Aufstieg mit einem wahrlich atemberaubenden Rundumblick belohnt.

Geothermischer Strand in Nauthólsvík

Die Isländer lieben ihre Freibäder – und dank der vielen heißen Quellen auf der Insel können sie diese auch im Winter nutzen. Nauthólsvík ist eine kleine Bucht, in der warmes Wasser ins Meer fließt. Das Gebiet wurde jahrelang militärisch genutzt. Einheimische wie Touristen erleben dort ein wenig mediterranes Flair hoch im europäischen Norden. Der Sand des rund 100 bis 200 Meter langen Strandes wurde übrigens aus Marokko importiert. Die normale Meerestemperatur liegt zwischen Null und maximal 17 °C. Die Geothermik heizt das Wasser an dieser Stelle aber auf – teilweise hat es mehr als 30 °C –, sodass Schwimmen hier oft sehr angenehm ist. Der Segelclub Siglunes bietet auf dem Gelände zudem verschiedene Kurse an.

Etwas außerhalb der Stadt liegen die Rauðhólar, die »roten Hügel«.

Unterwegs auf der Halbinsel Reykjanes

Die Halbinsel Reykjanes bildet den südwestlichen Zipfel Islands, den geologisch jüngsten Teil der Insel. Hier begann mit der Landnahme von Ingólfur Arnarson die Besiedlung Islands, und heute ist keine andere Region Islands so dicht besiedelt wie Reykjanes, denn neben der Hauptstadt Reykjavík gibt es noch weitere größere Orte wie Hafnarfjörður oder Keflavík, wo auch der internationale Flughafen liegt.

***** Hafnarfjörður** Mit seinen rund 25 000 Einwohnern zählt der nur 15 Kilometer westlich von Reykjavík gelegene Ort zu den größten Städten der Insel. Trotz seiner Nähe zur isländischen Kapitale hat er seinen kleinstädtischen Charme bewahrt. Hafnarjörður gilt als Elfenhauptstadt. Im Hellisgerði, einem bezaubernden Park inmitten der Stadt, sollen einige der Fabelwesen leben. Die Touristeninformation bietet aber auch Führungen zu den Elfenwohnsitzen in der Lavalandschaft rund um den Ort an. Als Hansehafen blickt Hafnarjörður auf eine lange Geschichte zurück, über die das Heimatmuseum informiert. Im Wikingerdorf Fjörukráin wird die Zeit der ersten Besiedlung Islands lebendig gemacht.

**** Vogar** Ein Abstecher nach Vogar lohnt schon alleine wegen der bekannten Landkirche Kálfatjarkirkja aus dem Jahr 1893. Sehenswert ist in dem kleinen Ort aber auch der berühmte Steinring Staðarborg. Bis heute lässt sich sein Alter nur schätzen. Experten gehen davon aus, dass der Ring bereits vor Jahrhunderten gebaut wurde. Einer Legende nach soll es sich

Ein Spaziergang in Hafnarfjörður am Wasser entlang ist besonders schön.

einst um einen eingezäunten Schafstall gehandelt haben. Lediglich 15 Fahrminuten mit dem Auto entfernt liegt der Keilir. Der 379 Meter hohe Tuffkegel ist der Hausberg der Halbinsel Reykjanes. Von oben bietet sich eine herrliche Aussicht auf die Umgebung. Um zum Gipfel zu gelangen, muss man nicht besonders sportlich sein. Eine Wanderung dauert ungefähr zweieinhalb Stunden.

**** Snorrastaðatjarnir** Dieses kleine Erholungs- und Freizeitareal ist besonders reich an unterschiedlicher Vegetation und Heimat zahlreicher Vogelarten. Vor allem zwischen Frühling und Herbst liegt hier ein idealer Ort, um die opulente Fauna zu beobachten, wenn die Zugvögel auf ihrem Weg zwischen den Kontinenten sind. Die wie eine Art Schüssel geformte Landschaft liegt nur ein wenig abseits von der Strecke zur Blauen Lagune. Ein Stopp ist zudem lohnend, weil die pittoresken Picknickplätze und der Blick in die schöne Natur zum Verweilen einladen. Deshalb ist Snorrastaðatjarnir auch als Wochenendziel bei den Einheimischen beliebt.

Die Kirche von Vogar auf der Suðurnes-Halbinsel.

***** Keflavík** Der Name der Stadt – »Treibholzbucht« – geht wahrscheinlich auf den ersten Siedler Ingólfur Arnarson zurück, dessen Sklaven auf der Suche nach seinen Hochsitzpfeilern in der Bucht Unmengen von Treibholz fanden. Heute ist Keflavík die größte Stadt von Reykjanes und besitzt den zweitgrößten Hafen Islands. Außerdem gibt es eine große Werft sowie mehrere Betriebe zur Fischverarbeitung. Auch der internationale Flughafen, Islands Hauptflughafen, hat viel zum Aufschwung der Stadt beigetragen. Von 1951 bis 2006 war Keflavík Standort der in Island stationierten US-Streitkräfte. Rund um den alten Hafen sind einige der historischen Gebäude aus der Zeit, als Keflavík noch Handelsstadt war, erhalten geblieben. Im schön sanierten roten Holzgebäude von 1877, in dem früher der dänische Kaufmann Peter Duus residierte, befindet sich ein maritimes Museum mit einer beeindruckenden Sammlung von Modellschiffen.

Museum Víkingaheimar

Dominierendes Exponat des Wikingermuseums ist das Wikingerschiff »Íslendingur« (»Der Isländer«). Dabei handelt es sich um eine Nachbildung des in Oslo zu sehenden Originals »Gokstad«, das um 890 gebaut wurde. Für die Replik nutzte Gunnar Marel Eggertsson die gleichen Materialien und Methoden wie einst die Wikinger. Er segelte anschließend von Island nach New York, um die Entdeckung Amerikas durch Leif Eriksson zum 1000. Geburtstag noch einmal aufleben zu lassen. Das Schiff kann nicht nur von außen besichtigt werden, es darf auch betreten und innen erkundet werden. Insgesamt verfügt das Museum über fünf verschiedene Ausstellungen, die allesamt an die Wikingerzeit erinnern. Vom Museum bietet sich ein spektakulärer Blick über den wilden Atlantik.

Polarlicht

In alten Beschreibungen wird das Polarlicht als eine überirdische Erscheinung, als ein Zeichen der Götter aufgefasst. Doch die Wissenschaft hat diese Erklärungsversuche längst entzaubert: Ein Polarlicht, so die prosaischere Version, ist eine durch Anregung von Sauerstoff- und Stickstoffatomen entstehende Leuchterscheinung am Nachthimmel in einer Höhe von 70 bis 500 Kilometern. Am häufigsten sind band- und schleierartige

Strukturen in blaugrünen und rötlichen Farbtönen. Polarlicht tritt als Nordlicht (Aurora borealis) nach starker Sonnenfleckentätigkeit auf, wenn die Teilchen des Sonnenwinds in den Polargebieten in das Erdmagnetfeld eintreten. Dort schlagen sie auf Atome der Atmosphäre und regen deren Elektronen an: Sauerstoffatome senden daraufhin grünes und rotes Licht aus, je nach Höhenlage. Stickstoffmoleküle emittieren seltener und schwächer ein blaues bis violettes Licht. Auf der Südhalbkugel heißt das Naturschauspiel Südlicht (Aurora australis). Polarlichter sind in einem breiten Ring rund um die magnetischen Pole sichtbar. Weil diese aber nicht mit den geografischen Polen übereinstimmen und sich das Erdmagnetfeld verschiebt, war das Phänomen den Wikingern kaum bekannt. Dafür sieht man heute Polarlichter auch am Mittelmeer.

Miðlína – Brücke zwischen den Kontinenten

Eine minimalistische Fußgängerbrücke aus Treibholz und Metall überspannt die tektonische Spalte Miðlína (»Mittellinie«) zwischen Eurasien und Nordamerika auf der Halbinsel Reykjanes. Hier auf dem Mittelatlantischen Rücken driften die Kontinente um wenige Zentimeter pro Jahr auseinander, die Stelle ist ein Lehrbeispiel für die Theorie der Plattentektonik. Wer möchte, kann sich nach Überqueren der 15 Meter langen Brücke ein Zertifikat im Geopark-Informationszentrum Reykjanes abholen, das die kurze »Wanderung« von Europa nach Amerika bestätigt. In Wirklichkeit ist die Bruchstelle zwischen den Kontinenten allerdings mehrere Kilometer breit, die Brücke also nur symbolisch zu verstehen.

*** Garðskagi** Garðskagi ganz im Norden der Halbinsel besitzt gleich zwei Leuchttürme. Direkt an der Küstenlinie trutzt der kleinere und ältere Turm Wind und Wetter. Er war schon vor Jahrzehnten von Sturm und Brandung bedroht. Deshalb entstand bereits 1944 ein zweiter Leuchtturm, der noch heute mit 28 Metern der höchste in ganz Island ist. Seine Energieversorgung wurde inzwischen von Gas auf Elektrizität umgestellt. Dabei galt das kleinere und viereckige Bauwerk als besonders erhaltenswert. Denn aufgrund seiner geringen Größe war er selbst bei Nebel zu erkennen. Von der Küste aus reicht bei gutem Wetter die Sicht bis nach Snæfellsjökull. Wer etwas Zeit hat, der kann einen Strandspaziergang zum fünf Kilometer entfernten Sandgerði unternehmen.

**** Hafnir** Einst war Hafnir einer der bedeutendsten Fischereistandorte auf der Halbinsel Reykjanes. Heute erinnert in dem kleinen Dorf mit rund 150 Einwohnern nur noch der verschlafene Hafen an diese Zeit. Sehenswert sind die kleine dunkle Kirche und das Meeresaquarium. In der Nähe der Kirche liegt ein rund drei Tonnen schwerer Anker, der von dem Geisterschiff »Jamestown« stammt, das hier 1870 bei einem Sturm angetrieben wurde. Niemand von der Mannschaft wurde je gefunden. Einige Kilometer südlich lohnt der Vogelfelsen Hafnarberg einen Besuch. Noch weiter südlich kommt man zum Geothermalkraftwerk Reykjanes mit einer sehenswerten Ausstellung. Das Geothermalgebiet in unmittelbarer Nähe ist 1967 nach einem Erdbeben entstanden. Von Holzbohlenwegen aus kann man sich die rauchenden Schlammtöpfe und bunten Schwefelfelder anschauen.

*** **Hafnarberg** Ein unvergessliches Panorama bilden die Steilklippen von Hafnarberg, einem der größten Vogelfelsen Islands. Es lohnt sich, hier ein wenig die Küste entlangzuspazieren. Die Gegend ist besonders bei Naturliebhabern sowie Vogelfreunden beliebt und ausschließlich zu Fuß (ca. 40 Minuten Wegstrecke vom Parkplatz) oder mit dem Rad zu erreichen. Den Weg von der Hauptstraße kennzeichnen kleine Steinberge, und selbst Menschen mit weniger Kondition können ihn problemlos bewältigen. Zwischen Juni und Juli brüten unter anderem Dreizehenmöwen und Eissturmvögel. Ornithologische Fachzeitschriften loben die Region ob ihres Reichtums an Fauna. Ein Stück weiter trifft man auf die Sandbucht »Stóra Sandvík«, an der die Küste wieder flacher wird. Hier führen die Wege direkt am Strand entlang.

Im Nordwesten von Reykjanes stehen zwei Leuchttürme: der 1944 erbaute Garðskagi, der größte Islands (oben), und der ältere und viel kleinere (rechts).

Eine einzige Eruption formte die schroffe Küste von Valahnúkur.

***** Reykjanes** Kaum ein Ort auf Island eignet sich derart gut zur Beobachtung von Klippenvögeln wie die südwestlichste Spitze der gleichnamigen Halbinsel. Sie ist zudem einer von zwei Geoparks auf Island mit einigen ausnehmend schönen Landschaften wie dem Solfatarengebiet am Kap Reykjanes, dem Vogelfelsen Hafnarberg, den Basaltfelsen am Leuchtturm Selvogsviti und natürlich der Blauen Lagune. Die meisten Sehenswürdigkeiten hängen direkt mit Vulkanismus zusammen. Vom Südwesten nach Nordosten verläuft diagonal durch Island die Grenze zwischen der eurasischen und der amerikanischen Kontinentalplatte. Beide entfernen sich jedes Jahr um rund zwei Zentimeter voneinander. Solch eine Zone der Plattenverschiebungen geht immer mit aktivem Vulkanismus einher. Vor der Küste der Halbinsel erhebt sich in einigen Kilometern Entfernung der Felsen Eldey (Betreten verboten) und beherbergt eine der größten Alken-Populationen weltweit.

Über 300 °C heiß sind die Quellen bei Gunnuhver.

*** Gunnuhver** Der Vulkan Gunnuhver ist der Grund dafür, dass die heißesten Stellen in Südwestisland auf Reykjanes zu finden sind. Bei bis zu 300 °C liegen die Temperaturen der Quellen in 1000 Metern Tiefe nach offiziellen Messungen. Die rauchenden und mitunter stinkenden Schwefelwolken sind dennoch Anziehungspunkt für Besucher. In den vergangenen Jahrzehnten gab es immer wieder Schlackenausbrüche, bei denen Gunnuhver kochend heiße Lehmfetzen hinausgespien hat. Der Name der Quelle geht übrigens zurück auf die Sage um den Geist der Gunna (eigentlich Guðrún Önundardóttir) aus Sandgerði, der schließlich in der heißen Quelle gebannt worden sein soll. Zuvor soll Gunna immer wieder ihr Unwesen in den Orten getrieben haben. Auf der kurz hinter Gunnuhver liegenden Klippe findet man noch heute die Skulptur und damit ein beliebtes Fotomotiv eines (seit dem Jahr 1844 ausgestorbenen) »Großen Alk«.

***** Brimketill** Das bekannte Felsloch liegt direkt an der Lavasteinkante an der Küste und zählt zu den populärsten Attraktionen auf Island. Das ausgewaschene Becken erinnert ein wenig an einen Whirlpool, der oberhalb der Meeresoberfläche liegt. Der Brimketill ist allerdings natürlichen Ursprungs. Doch Vorsicht ist geboten. Denn die See ist an dieser Stelle oft rau, Baden könnte also lebensgefährlich sein, zudem ist das Wasser selbst im Sommer kalt. Aber der Anblick allein ist beeindruckend. Vor allem an ruhigen Tagen, wenn sich der Wind gelegt hat, scheint die Zeit bei einem Blick auf das Wasser stillzustehen. Das Becken im Vordergrund, angestrahlt von der morgendlichen Sonne – es könnte schlechtere Fotomotive geben. Das vom Meer ausgewaschene Becken soll einst der Trollfrau Oddný gehört haben, nach der das Becken (Oddnýjarlaug) auch benannt ist.

Das Hochtemperaturgebiet Gunnuhver südlich von Hafnir: Beinah feurig wirken die heißen Dampfschwaden bei niedrig stehender Sonne, dabei handelt es sich auch hier nur um feinste Wassertropfen in der Luft – ein spektakuläres Naturphänomen.

Eldey

Etwa 15 Kilometer vor der Küste Islands liegt die »Feuerinsel«, wie der Name ins Deutsche übersetzt lautet, und erinnert eher an einen Felsen als an einen Brocken aus Palagonitgestein, entstanden aus basaltischer Lava. Das 77 Meter hohe Eiland ist ein wahres Vogelparadies und steht seit 1940 unter Naturschutz. Etwas despektierlich wird Eldey auch gerne »Mehlsackinsel« genannt – begründet in dem weißen Vogelkot, der weite Teile der Insel bedeckt. Während 1844 auf Eldey das letzte Exemplar des flugunfähigen Riesenalk erschlagen wurde (ein ausgestopftes Exemplar ist lediglich noch im Naturkundlichen Museum Reykjavík zu sehen), lebt heute eine der weltweit größten Basstölpelkolonien dort. Bis zu 20 000 Brutpaare haben ihr Zuhause auf dem Felsklotz.

Gunnuhver

Über 100 Krater, riesige Lavafelder und dampfende Quellen sowie die »Brücke zwischen den Kontinenten« machen das Hochtemperaturgebiet Gunnuhver zu einem beliebten Ausflugsziel. Ein hölzerner Steg erlaubt es Besuchern, den Naturschauspielen in diesem Gebiet ganz nahe zu kommen. Informationstafeln geben zudem Auskunft über die jeweiligen Phänomene.

Krýsuvík und Krýsuvíkurberg

Hoch oben über dem Atlantik blickt man von Krýsuvíkurberg über das tosende Meer, in 70 Metern Tiefe kracht die Brandung immer wieder gegen die Felsen. An zahlreichen Stellen der etwa fünf Kilometer langen Steilküste kommen insbesondere Ornithologen auf ihre Kosten. Zehntausende Vögel nisten in den Felsen. Wer die Strecke komplett abwandern möchte, muss rund zwei Stunden einplanen. Mit ein wenig Glück sind auch Wale und Seehunde zu sehen. Nicht weit von der Steilküste entfernt, liegt im Innern der ehemalige Weiler Krýsuvík, der auch ein gleichnamiges Vulkansystem birgt und wahrscheinlich durch eine Eruption im Mittelalter entstand. Die Bauernhöfe waren bis in die 1950er-Jahre bewohnt. Zahlreiche Wanderwege führen durch das Gebiet.

***** Blaue Lagune** Es ist Jugendlichen zu verdanken, dass das Bad zu heutiger Berühmtheit gelangte. Sie hatten den warmen Abwassersee des Kraftwerks Svartsengi als Badesee entdeckt und feierten dort ihre Partys. Das Wasser kommt aus 2000 Metern Tiefe mit 240 °C an die Oberfläche. Im Thermalbad ist es noch zwischen 37 und 42 °C warm. Mittlerweile gibt es eine eigene Blaue-Lagune-Pflegeserie mit Produkten von Shampoo bis Badesalz.

**** Grindavík** Bereits 1343 zählte Grindavík zu den wichtigsten Handels- und Fischereistandorten auf Island. Dänische, deutsche, englische und isländische Kaufleute kämpften dort

Das Wasserbecken am Wärmekraftwerk dient heute wieder nur als Auffangbecken – zum Entspannen geht es in die komfortabel ausgebaute Blaue Lagune, wo die fernen Türme im Dunst verschwinden (im Hintergrund des Bildes).

um die Vormachtstellung. Nach wie vor zählen die Fischgründe vor der Küste zu den besten in ganz Island. Heute ist der 3000-Einwohner-Ort bei Touristen sehr beliebt. Neben der Blauen Lagune vor der Haustür sorgen vor allem gute Restaurants und zahlreiche Freizeitmöglichkeiten wie das Salzfisch-Museum für Attraktivität. Lohnenswert ist auch das Viertel rund um die Wellblechkirche im südlichen Teil mit alten bunten Häusern, in denen unter anderem Kunsthandwerk angeboten wird. Nicht weit entfernt liegt die vor rund 3000 Jahren durch Lava geformte Halbinsel Hópsnes mit ihrem orangen, 1928 erbauten Leuchtturm. Unwirklich wirken die auf den Felsen liegenden Schiffwracks.

*** **Húshólmi** Rund um das ehemalige Anwesen Húshólmi existieren Reste eines alten Hofes, der beim Vulkanausbruch 1151 verschüttet wurde. Zudem gibt es auf dem Lavafeld Ögmundarhraun noch weitere historische Überreste zu bestaunen. Diese sollen aus den frühen Jahren der Besiedlung Islands stammen, ehe die Glutströme nahezu alles verschütteten. Zwischen 30 und 40 Quadratkilometer waren und sind hier teils noch mit Lava bedeckt. Etwas weiter westlich liegt Óbrennishólmi. Dort warten wunderschöne Ausblicke. Wanderer können die Gegend problemlos zu Fuß erkunden. Eine gute Stunde braucht man für den Pfad. In diesen 60 Minuten ist man eins mit der Natur, taucht ein in die Geschichte Islands und bekommt obendrein kostenlos ein besonderes Naturerlebnis mitgeliefert.

Der Leuchtturm auf der Halbinsel Hópsnes wurde 1928 gebaut.

Im Vulkansystem Krýsuvík gibt es immer wieder kleinere Erdbeben.

Die kleine Krýsuvíkurkirkja brannte 2010 ab und wurde 2020 durch einen originalgetreuen Nachbau ersetzt.

Blaue Lagune

Seit 1978 nutzt ein Geothermalkraftwerk nördlich von Grindavík die Energie des Vulkansystems Svartsengi zur Heißwasser- und Stromerzeugung für die umliegenden Ortschaften und den Flughafen. Von Anfang an wurde das stark mineralienhaltige, warme Abwasser in ein Auffangbecken inmitten eines Lavafeldes geleitet, wo es durch Algen, Mineralsalze und Kieselsäure eine hellblaue, milchig-trübe Farbe bekam. Schnell erkannte

man, welch wohltuende Wirkung ein Bad in diesem Auffangbecken hat. Dies war der Anfang der Blauen Lagune – zunächst vor der Kulisse des rauchenden und zischenden Svartsengi-Kraftwerks. Bald fand man heraus, dass das Wasser gut zur Behandlung von Schuppenflechte ist. Schnell wurde das Becken zu klein, weshalb die Blaue Lagune in einen zwei Kilometer entfernten größeren Badesee umzog. Mittlerweile ist aus ihr ein Luxusbad geworden, das jedes Jahr rund eine halbe Million Besucher zählt. Vor allem bei schlechtem Wetter bietet sie eine Kulisse wie für einen Sci-Fi-Film. Wasserdampfschwaden hüllen alles ein, nur für Sekunden reißt der Wind Löcher in den weißen Vorhang. Ringsum schwarze Lavafelder, mittendrin der See mit zartblauem, milchig-trübem Wasser, auf dem die Köpfe der Badenden nur schemenhaft auszumachen sind.

In allen Rot- und Ockertönen schimmert der durch die Dämpfe zerfressene, schmierige Boden.

***** Seltún** Die Blaue Lagune ist sicherlich der bekannteste Geothermalort auf der Halbinsel Reykjanes. Ebenfalls gut erschlossen für Touristen ist das Gebiet Krýsuvík/Seltún, allerdings nicht als Schwimmbad. Vielmehr führen Holzstege in diesem Solfatarengebiet zu den heißen Quellen, dampfenden Erdlöchern und Schlammtöpfen. Der farbenprächtige Boden des Gebietes leuchtet in Rot, Grün und Gelb. Darunter verbirgt sich in einer Tiefe von rund 1000 Metern eine Hitze von etwa 200 °C. In den 1990er-Jahren wurde die Erdwärme und die dadurch gewonnene bzw. später erzeugte Energie genutzt, um die Stadt Hafnarfjörður zu versorgen. Nach einer Explosion der Anlage war es damit aber vorbei. Lohnenswert ist auch ein Abstecher zu dem in der Nähe liegenden See Grænavatn. Das türkisblaue Wasser erinnert an Süßwasserseen in Australien.

***** Kleifarvatn** Eingebettet in die Berge eines Naturschutzgebiets liegt der fast zehn Quadratmeter große Kleifarvatn. Der natürlich entstandene Bergsee ist für viele Isländer noch immer ein Mysterium. Manchmal nimmt der Wasserspiegel von einem auf den anderen Tag um mehrere Meter ab, um kurz darauf genauso wieder zuzunehmen. Einer Theorie zufolge könnte es an der Bruchzone liegen, in der unterirdisch die tektonischen Platten auseinanderdriften. So würden am Boden des Sees Spalten entstehen, die das Wasser hindurchlassen. Vor allem während des Erdbebens im Jahr 2009 war dieses Schauspiel zu beobachten. Direkt an den Ufern, an denen der isländische Schriftsteller Arnaldur Indridason einen seiner Romane spielen lässt, laden Strände zum Verweilen ein.

Überall steigt Dampf aus dem Boden, fauliger Schwefelgeruch zieht durch die Luft, es brodelt und zischt, die Landschaft mutet außerirdisch an. Doch ausgewiesene Wege führen sicher durch das bis zu 200 °C heiße Solfatarenfeld Seltún.

Reykjanesfólkvangur

Der 300 Quadratkilometer große Park bildet quasi das Dach für die zahlreichen Solfatarengebiete sowie Sehenswürdigkeiten auf der Halbinsel und steht seit 1975 unter Naturschutz. Ob Seltún, Kleifarvatn, Grænavatn oder Grindavík – sie alle sind Teil des Parks. Rund drei Stunden Fahrzeit müssen eingeplant werden, will man das Gebiet mit dem Auto durchfahren. Daneben können Besucher aber auch einfach zum Forellenfischen in den Reykjanesfólkvangur kommen oder einen der zahlreichen und gut begehbaren Wanderwege nutzen. Eine interessante Steinformation – der Fels mit den drei Löchern – findet sich an der Straße 427 (Drykkjarsteinn). Aber auch andere zerklüftete Formationen lohnen einen Besuch und können erwandert werden.

Suðurland

Das Hinterland der Südküste beherrschen die beiden großen Gletscher Vatnajökull und Mýrdalsjökull, davor liegen ausgedehnte Sanderflächen. Südisland ist reich an vulkanischen Phänomenen und Geothermalgebieten, hier schlummern die gefährlichsten Vulkane der Insel. Im Süden gibt es eine Vielzahl gut erschlossener Naturphänomene und historisch bedeutsame Stätten wie den alten Thingplatz (Þingvellir). Bild: Der moosbewachsene Mælifell im südlichen Hochland.

Unterwegs in der Árnessýsla und Árborg

Im Bezirk Árnessýsla im Südwesten liegen einige der bekanntesten Highlights der Insel, darunter der Große Geysir, der Geysir Strokkur, der berühmte Wasserfall Gullfoss sowie der bedeutende und geschichtsträchtige Þingvellir-Nationalpark. Wichtige Orte der Gemeinde Árborg sind Selfoss und Eyrarbakki. Hveragerði, das über einem Hochtemperaturgebiet liegt, ist als »Stadt der Gewächshäuser« bekannt.

Wie eine Gruppe rauchender Schlote wirkt das Geothermalfeld bei Hveragerði. Aus vielen kleinen Kratern und Spalten tritt Wasserdampf aus.

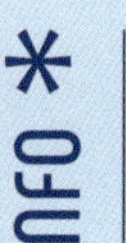

SUÐURLAND
Verwaltungszentrum:
Selfoss (Gemeinde Árborg)
Fläche:
24 690 km²
Bevölkerung:
23 879
Bevölkerungsdichte:
0,967 Einwohner/km²

Auch Touristen haben ihren Spaß in Hveragerði mit geothermal gekochten Eiern.

**** Hveragerði** Der ganze Ort ist geothermales Gebiet, weshalb überall heißer Dampf aus der Erde tritt. Durch ein schweres Erdbeben im Jahr 2008 hat sich ein neues Hochtemperaturgebiet im Osten des Ortes am Fuß des Berges Reykjafjall gebildet. Doch so weit muss man gar nicht gehen, denn mitten in Hveragerði gibt es einen Geothermalpark, in dem alle Phänomene hautnah zu beobachten sind. Hier liegt auch die »Killerquelle«, in die 1906 nachts ein Mann gefallen und verkocht ist. Dies war der Grund, warum bald darauf in der Stadt Straßenlaternen aufgestellt wurden. In der benachbarten, ausgetrockneten Abfallquelle wurde lange Müll entsorgt, bis sie nach einem Erdbeben wieder aktiv wurde und den ganzen Unrat ausspuckte.

***** Raufarhólshellir** Sie ist eine der größeren Lavahöhlen Islands und mit geschätzten 1300 Metern die längste außerhalb des Hallmundarhraun. Der Tunnel, der rund zehn Meter hoch und bis zu 30 Metern breit ist, öffnet sich in verschiedene Kammern mit eindrucksvollen Lavaformationen. Lavatunnel sind natürliche Kanäle. Sie entstehen während eines Vulkanausbruchs, wenn ein aktiver Lavafluss eine krustige Oberfläche bildet, die schließlich völlig erstarrt. Zurück bleibt ein höhlenartiger Kanal. Fast ganzjährig ist der Raufarhólshellir mit einer dünnen Eisschicht bedeckt.

**** Arnarker** Vor rund 5000 Jahren kam es zu einem größeren Vulkanausbruch, in dessen Folge der Leitarhaun entstanden ist, ein weites Lavafeld, durchzogen von Tunnelhöhlen, zu denen der Raufarhólshellir und die weniger bekannte Arnarker gehören. Arnarker bedeutet »Adlerkessel«. Genistet haben Adler hier jedoch noch nie. Der Eingang zur Höhle klafft wie ein riesiger Schlund in der Landschaft. Über eine schmale, aber solide Holzleiter erfolgt der Abstieg für Schwindelfreie: Vertikal geht es 16 Meter in die Tiefe. Im Inneren der Höhle, die sich über 516 Meter erstreckt, belohnen unterschiedlichste Lavatexturen wie der markant eckige Säulenbasalt oder noch flüssig wirkende Schmelzmasse die Mühe. In den späten Wintermonaten formen sich in der Höhle eigenwillig schöne, bis zu drei Meter hohe Stalaktiten und Stalagmiten aus Eis.

**** Strandarkirkja** Wer die Stufen zur kleinen Strandarkirkja hinaufsteigt, blickt direkt auf den Atlantik. Tückisch ist das Meer hier im Süden. Der Legende nach sollen in Not geratene Seeleute die Kirche gestiftet haben, nachdem sie sich an Land retten konnten. Das heutige Gebäude wurde 1888 fertiggestellt.

In der drittgrößten Lavahöhle Islands, dem Raufarhólshellir, bildet sich im Winter viel Eis.

Die Strandarkirkja (12. Jahrhundert) wurde einst von Seeleuten erbaut.

Reykjadalur

Wer den kurzen, aber strammen Aufstieg vom kleinen Ort Hveragerði auf sich nimmt, wird mit einer bizarr schönen Aussicht belohnt: Der Reykjadalur, ocker und rostrot gefleckt, ist von Säulen aus Wasserdampf durchzogen. Sie markieren den Lauf eines Gebirgsbaches, der von heißen Quellen flankiert wird. Durch geothermale Aktivität tritt dort Grundwasser an die Oberfläche und vermischt sich mit vulkanischer Asche und anderen Gesteinspartikeln zu brodelndem Schlamm. Temperaturen bis zu 200 °C erreicht ein solcher Schlammtopf. Auch der Bach wird von den heißen Quellen gespeist. Ein typisch isländisches Erlebnis ist ein Bad in einem der natürlichen Pools, zu denen sich der Wasserlauf immer wieder anstaut. Zwei bis drei Personen finden in den angenehm temperierten Becken Platz.

Obst und Gemüse aus Island

Ein geothermal beheiztes Bad mit herrlich warmen Hot Pots findet man in so gut wie jedem isländischen Dorf. Doch kaum ein Ort verfügt über so viel Erdwärme wie Hveragerði. Die ganze Stadt liegt über einem Hochtemperaturgebiet, das praktisch unbegrenzt heißen Dampf liefert. Schon in 300 Metern Tiefe herrscht eine Temperatur von 180 °C. Deshalb reichen vier Bohrlöcher aus, um die Stadt mit Energie zu versorgen. Als in

den 1930er-Jahren die ersten Häuser gebaut wurden, entstanden auch die ersten Gewächshäuser. Heute ist Hveragerði als »Stadt der Gewächshäuser« bekannt – auf mehr als 50 000 Quadratmetern überdachter Fläche werden Obst, Gemüse, Blumen und Zimmerpflanzen gezüchtet. Rund ein Viertel aller isländischen Gewächshäuser stehen hier, sie beliefern vor allem heimische Supermärkte mit Tomaten, Gurken, Salat und Erdbeeren. Hin und wieder sieht man unter Glas auch Exotisches wie Bananen, Feigen oder Orangen gedeihen. Schon lange gibt es eine staatliche Landwirtschaftschule, die die Wachstumsbedingungen für Pflanzen erforscht. Mittlerweile werden die Pflanzen nicht nur mit Erdwärme aufgepäppelt, sondern während der dunklen Monate auch künstlich beleuchtet, was den Ort aus der Ferne unwirklich erscheinen lässt.

*** Þorlákshöfn** Die nach dem heiligen Þorlákur Þórhallsson benannte Hafenstadt besitzt den einzigen Hafen an der Südküste zwischen Grindavík und Höfn. Von hier aus verkehren Fähren zu den Westmännerinseln. Am schönen Naturhafen lassen sich einige Vögel beobachten; auch die bis zu 25 Meter hohen Wellen, die hier branden, sind ein Spektakel.

**** Eyrarbakki** Das 550 Einwohner zählende Eyrarbakki ist heute ein gemütliches Dorf. Bunt gestrichene Holzhäuser erinnern an dessen Blütezeit, denn einst war es größter Handels-

Die Ringstraße zwischen Hveragerði und Hella führt durch das beschauliche Selfoss am Fluss Varmá.

*** Þjórsá** Die Þjórsá ist Islands längster Fluss. Im Hochland wird sie gespeist vom Gletscherwasser des Hofsjökull, nimmt Geschwindigkeit auf, wenn sie ihre Wassermassen durch enge Schluchten presst und über zahlreiche Fälle in die Tiefe stürzt. Ganze 230 Kilometer bahnt sie sich ihren Weg gen Süden entlang der Riftzone, an der sich tektonische Platten aneinander reiben. Beim historischen Wikingerhof Stöng zügelt die Þjórsá ihr Temperament, um sich träge in der Ebene auszubreiten. In ihren Verästelungen entstehen Inseln wie die der alten Þingstätte Árnes. Bevor der Fluss in den Atlantik mündet, springt er noch einmal über die Kaskaden des Urriðafoss – ein Geheimtipp an der Ringstraße.

**** Selfoss** Die Stadt ist wichtiger Versorgungspunkt für Reisen in Richtung Nord und Ost. Sehenswert ist die Selfosskirkja auf einem Fels über der Ölfusá, die neben der Þjórsá zu den wasserreichsten Flüssen in Island gehört. Bis 1890 konnte die Ölfusá mangels Brücke nur beschwerlich gefurtet werden. Eine Hängebrücke erleichterte den Verkehr, doch brach sie 1944 unter der Last zweier Milchlastwagen zusammen. Ihre technisch überlegene Nachfolgerin hält seit 1945 Erdbeben und Fluten stand.

»Das Haus« in Eyrarbakki: ältestes erhaltenes Holzhaus Islands.

platz und Hafen an Islands Südküste. Einen Besuch wert sind das Seefahrtsmuseum und das Árnessýsla Volksmuseum, das im legendären Húsið (»das Haus«) untergebracht ist, einem der ältesten Gebäude Islands. 1765 erbaut und mehr als 200 Jahre von dänischen Kaufmannsfamilien bewohnt, entwickelte es sich zum Zentrum für Kunst und europäische Kultur in Island. Von hier aus verbreiteten sich Mode, Musik und Literatur ins ganze Land. Vom felsigen Saum der Küste ist der Blick über den Atlantik spektakulär. Von hier soll Bjarni Herjólfsson, Wikinger und einer der ersten Siedler von Eyrarbakki, noch vor Leif Eriksson nach Nordamerika gesegelt sein. Ornithologen schätzen das nahe Vogelreservat Flói, das vor allem als Brutgebiet von Bedeutung ist.

Der Fluss Þjórsá trägt manchmal gelblich schimmerndes Wasser von den Gletschern hinunter ins Meer.

Skyr

Kenner essen ihn pur, mit dickflüssiger Sahne und Zucker. Frische Früchte wie Bláber, heimische Blaubeeren, passen auch gut dazu: Skyr, weder Quark noch Joghurt, mit cremiger Konsistenz und einem kräftig säuerlichen Geschmack. Das traditionelle isländische Milchprodukt enthält kaum Fett, dafür viel Eiweiß. Es soll mit den ersten Siedlern auf die Insel gekommen sein, die Milch für lange Winter haltbar zu machen wussten. Statt Schafswird inzwischen Kuhmilch verarbeitet. Skyr ist nicht nur bei Isländern, sondern auch bei Besuchern äußerst beliebt. Was einst auf jedem Hof hergestellt wurde, liegt heute fest in der Hand einer Molkerei in Selfoss, die Skyr in vielen Varianten anbietet: fertig mit Fruchtzusatz oder Schokolade steht er in jedem Supermarkt.

**** Kerið** Auf der Straße von Skálholt nach Selfoss kommt man an rund zwei Dutzend Asche- und Schlackenkegeln vorbei, die zum Grímsnes-Vulkanfeld gehören. Mit nur zehn eruptiven Zentren ist es das kleinste Vulkansystem Islands. Vor 5000 bis 6000 Jahren förderte die Kraterreihe den Großteil der Lava, die heute zu sehen ist und das gut 50 Quadratkilometer große Lavafeld Grímsneshraun bildet. Die meisten Vulkane sind kaum noch als solche zu erkennen, denn sie sind relativ flach und von Vegetation bedeckt. Nur drei – Kerið, Kerhóll und Seyðishólar – ragen deutlicher aus der Ebene heraus. Kerið und Kerhóll stehen mittlerweile unter Naturschutz, die meisten übrigen Krater und Kegel wurden zur Gewinnung von Straßenbaumaterial abgetragen. In dem gut 50 Meter tiefen Krater des Kerið befindet sich ein grün-blauer See, der einen Kontrast zu den teilweise roten Hängen bildet. Vom Parkplatz zum Ufer führen schmale Fußwege; je nach Jahreszeit ist der See bis zu 14 Meter tief. Allerdings sammelt sich dort kein Regenwasser – die Wasseroberfläche entspricht dem Grundwasserspiegel der Region.

***** Þingvellir-Nationalpark** Der 2004 zum UNESCO-Welterbe ernannte Nationalpark ist nicht nur historisch, sondern auch in geologischer Hinsicht ein bedeutender Ort. Die Versammlung der freien Männer hieß bei den Germanen »Thing«. Man traf sich an einem Platz unter freiem Himmel und beriet über Gesetze und andere Angelegenheiten. Seit dem Jahr 930 war das Þingvellir, wörtlich übersetzt »Tal des Thing«, Versammlungsort aller freien Männer Islands. Das jeweils gültige Recht wurde von einem »Gesetzessprecher« vorgelesen. Dann entschied man über Neuerungen und Änderungen, die das ganze Volk betrafen. Eine der wichtigsten war die Annahme des Christentums im Jahr 1000. 1798 fand das letzte Althing (Alþingi) statt, trotzdem behielt Þingvellir aber seine fast mythische Bedeutung. 1944 wurde hier die Republik und damit die vollständige Unabhängigkeit des Landes ausgerufen. Das Gebiet, das 1928 zum Nationalpark erklärt wurde, liegt auf der isländischen Dehnungszone, einem geologischen Riftgraben zwischen der Eurasischen und der Nordamerikanischen Platte. In der rund fünf Kilometer langen westlich gelegenen Schlucht Almannagjá, der »Allmännerschlucht«, fand das Althing statt, weil die steilen Wände die Sprache verstärkten, ohne ein störendes Echo hervorzurufen. Daneben gibt es hier viele Spuren der Besiedlungsgeschichte der letzten 1000 Jahre.

***** Þingvallavatn** Islands größter natürlicher See liegt eingebettet im zum UNESCO-Welterbe zählenden Þingvellir-Nationalpark. Am Ende der letzten Eiszeit als Gletschersee entstanden, wird der Þingvallavatn heute von Tausenden, meist unterirdischen Quellen gespeist, deren Wasser durch vulkanisches Gestein an die Oberfläche dringt und dabei kristallklar gefiltert wird. Ganzjährig beträgt die Wassertemperatur drei bis vier Grad. Ideale Bedingungen für Angler, die im Þingvallavatn drei von fünf in Island vorkommende Frischwasserfische antreffen: die Seeforelle, den Arktischen Saibling und den Dreistachligen Stichling.

Im richtigen Licht gesehen, ähnelt der Kratersee Kerið einem irisierenden Opal, der im Sommer eingebettet wird in eine Fassung aus grünen Vegetationsstrahlen auf grau-rotem Untergrund.

Goldener Ring

»Gullni hringurinn«, wie der Goldene Ring auf Isländisch heißt, ist eine viel befahrene Route, die – in der Hauptstadt Reykjavík beginnend – in nicht mehr als neun Stunden zu berühmten Sehenswürdigkeiten und Naturwundern Islands wie der Allmännerschlucht oder dem Großen Geysir führt. In Reykjavík bieten lokale Veranstalter auch Bustouren an. Die Strecke verläuft vom Þingvellir-Nationalpark und dem Geysirgebiet Haukadalur zum Gullfoss-Wasserfall. Durch das Geysirgebiet Haukadalur geleiten befestigte Pfade Besucher an heißen Springquellen und Geysiren vorbei. Strokkur bläst regelmäßig eine bis zu 30 Meter hohe Dampffontäne in die Luft. Und beim Gullfoss stürzen die Wassermassen über zwei Kaskaden in eine tiefe Schlucht – ein wahres Naturschauspiel.

Umgeben von vier aktiven Vulkansystemen, liegt der Þingvallavatn im sog. Þingvellir-Graben.

**** Öxarárfoss** Die »Sturlungur Saga«, eine der großen isländischen Dichtungen, erzählt, wie der Wasserfall am Rand der Almannagjá-Schlucht durch die Umleitung des Flusses Öxará entstanden ist, um die Teilnehmer des Alþingi mit Wasser zu versorgen. Bis 1763 war Alþingi das wichtigste Ereignis im Land, zu dem Jahr für Jahr Männer aus ganz Island zusammenkamen, um Recht zu sprechen und neue Gesetze zu erlassen. Um die Öxará selbst ranken sich düstere Legenden. So sollen verurteilte Kindsmörderinnen und Ehebrecherinnen im Fluss ertränkt worden sein. Im Winter erstarrt der Öxarárfoss zur spektakulären Eisskulptur.

Alþingi – die Versammlung freier Männer

Die Allmännerschlucht (Almannagjá) im Þingvellir-Nationalpark bildet die Grenze der eurasischen und der amerikanischen Kontinentalplatten, die jedes Jahr einige Zentimeter auseinanderdriften. Wohl nirgendwo sonst sind die geologischen Vorgänge der Plattentektonik so eindrucksvoll zu sehen wie in Þingvellir. Diese wild zerklüftete Schlucht aus dunklem Basalt bietet aber nicht nur eine Lehrstunde in Geologie, für die Isländer

ist sie auch ein historisch bedeutsamer Ort, denn hier hat sich ein Großteil der isländischen Geschichte abgespielt. Im Jahr 930 versammelten sich in der Schlucht die Goden, um die erste Alþingiversammlung abzuhalten. Von da an tagte das Alþingi alljährlich für zwei Wochen im Sommer, während dieser Zeit wurden Gesetze verlesen und Gerichtsurteile gefällt. Es diente aber auch als Markt und Volksfest, auf dem Geschichten vorgelesen, Ehen geschlossen und auf Pferdekämpfe gewettet wurde. Die Tradition, in Þingvellir große Jahrestage zu feiern, haben die Isländer bis heute beibehalten. 874 feierte man das 1000-jährige Jubiläum der Besiedelung. Am 17. Juli 1944 wurde an diesem Ort die Republik ausgerufen. Im Jahr 2000 gedachte man der Erklärung des Christentums zur isländischen Staatsreligion an ebendieser Stelle 1000 Jahre zuvor.

Zwischen den Welten: Tauchen in der Silfra-Spalte

Durch das Auseinanderdriften der eurasischen und nordamerikanischen Platten im Þingvellir-Nationalpark ist auch die Silfra-Spalte entstanden. Jedes Jahr weicht das Basaltgestein zu beiden Seiten der Spalte um rund sieben Millimeter auseinander. Bis zu 100 Jahre benötigt das Wasser vom 50 Kilometer entfernten Langjökull, bis es die Silfra-Spalte erreicht hat. Während dieser Zeit bahnt es sich seinen Weg durch poröses Lava-

gestein, das wie ein Mikrofilter wirkt. Deshalb ist das Wasser der Silfra-Spalte kristallklar, die Sicht beträgt mehr als 100 Meter, was weltweit einmalig ist. Obwohl das Wasser in der Spalte das ganze Jahr über nur eine Temperatur um 2 °C hat, ist es ein beliebtes Revier für Taucher und Schnorchler, denn der Tauchgang im eiskalten Wasser lohnt sich – vor allem, wenn die Sonne scheint: Dann fluoreszieren die fadenförmigen Algen an den Felsen wie neongrüne Spaghetti. Durch das unglaublich klare Wasser verliert man jegliches Gefühl für die Tiefe, erst die aufsteigenden Luftblasen anderer Taucher sorgen wieder für ein wenig Orientierung. Am Ende der Spalte, die in den Þingvallavatn mündet, lässt man sich noch eine Weile durch die flache Silfra-Lagune treiben, die aber nicht mehr so klar ist, bevor es ziemlich durchgefroren wieder an Land geht.

Eisfischen

Lag der Ursprung des Eisfischens ganz einfach in der Nahrungsbeschaffung während der langen arktischen Winter, geht es heute um Geselligkeit. Und den Reiz eines ungewöhnlichen Sports. Mit Familie oder Freunden zieht man hinaus auf zugefrorene Seen oder Flüsse. Mindestens 15 Zentimeter dick sollte die Eisschicht sein. Bei fließenden Gewässern unbedingt mehr. Das Loch wird mit einem speziellen Bohrer ins Eis getrieben. Gefischt wird schließlich direkt am Loch. Mit einer sehr kurzen Angel, wobei die Schnur senkrecht in die Tiefe geführt wird. Das erfordert Geduld. Belohnt wird der Eisfischer mit Arktischem Saibling, Forelle oder Lachs, die am besten noch vor Ort über offenem Feuer zubereitet werden. Zum Aufwärmen geht man anschließend in einen Hot Tub.

*** Skálholt** Zur Zeit der Landnahme durch heidnische Wikinger sollen sich auch irische Mönche christlichen Glaubens in Island aufgehalten haben. Bis ins Jahr 1000, als das Alþingi einstimmig die Annahme der neuen Religion beschloss, spielte das Christentum jedoch keine Rolle. Ísleifur Gissurarson gründete den Bischofssitz Skálholt, der mehr als 700 Jahre lang religiöses und weltliches Zentrum war. Nicht weniger als zehn Kirchen, alle durch Brand oder Unwetter zerstört, sind an der heutigen Stelle belegt. Was sich zu seiner Zeit erstaunlich friedlich vollzog, entwickelte sich dramatischer mit der Reformation zur lutherischen Kirche: 1550 wurden der letzte katholische Bischof, Jón Arason, und seine beiden Söhne in Skálholt enthauptet.

**** Brúará** Die Brúará ist ein rund 40 Kilometer langer Fluss, der nordöstlich von Laugarvatn im Rótasandur entspringt. Schon wenige Kilometer südlich der Quelle kommt man zur beeindruckenden, knapp vier Kilometer langen

Die heutige Domkirche von Skálholt ist die zehnte Kirche, die an dieser Stelle erbaut wurde.

Die Rekonstruktion des einstigen Bistums und Bischofssitzes Skálholt (11. Jahrhundert).

Schlucht Brúarárskörð. Auch im weiteren Verlauf bietet die Brúará Sehenswertes, denn nach dem Wasserfall Brúarfoss kommt man noch zu weiteren Stufen, dem Miðfoss und dem Hlauptungufoss. Über weite Strecken leuchtet der Fluss hellblau. Eine rund zwölf Kilometer lange Wanderung führt am Flussufer entlang bis zur Quelle. Der Sage nach soll es früher über den Fluss einen natürlichen Steinbogen gegeben haben, der der Brúará ihren Namen – »Brückenfluss« – gegeben hat. Doch 1602 ließ der Gutsverwalter von Skálholt den Bogen zerstören, angeblich, um den Bettlern den Weg zum Ort abzuschneiden. Später soll der Gutsverwalter dann im Fluss ertrunken sein.

Der Brúarfoss ist ein Geheimtipp unter Wasserfall-Freunden. Statt aus großer Höhe ergießt er sich flach und breit über verwinkelte Bruchkanten. Dort können sich zahlreiche Pflanzen halten und bieten dem blauen Wasser einen reizvollen Kontrast.

** **Faxi** Eines besitzt Island im Überfluss: Wasser. Ob in heißen Quellen oder Geysiren, in Flüssen und Seen oder erstarrt im Gletscher. Island und das Wasser pflegen eine innige Beziehung. Schmelzwasser aus Gletschern bahnt sich beharrlich den Weg zur Küste, schleift über jahrtausendealte Flussbetten, gar Schluchten und meistert jähe Höhenunterschiede in spektakulärem Fall. Wie viele Wasserfälle es in Island gibt, kann wohl niemand so ganz genau sagen: Glymur beansprucht den Höhenrekord für sich, Dettifoss ist sicher der mächtigste, Brúarfoss vielleicht der schönste Wasserfall. Faxi, der auch Vatnsleysufoss genannt wird, entfaltet seine ganze Schönheit, wenn man ihn von der gegenüberliegenden Anhöhe betrachtet: Hier stürzt der Fluss Tungufljót in einem weiten Bogen über kleine Vorsprünge in die Tiefe. Da der Tungufljót besonders reich an Lachs ist, findet man neben dem Wasserfall eine Lachsleiter für die wandernden Raubfische. Ein Paradies für Fischer.

Im Wasserfall Faxi leben sehr viele Lachse, weshalb hier auch gern geangelt wird.

Auf den Strokkur ist Verlass, denn alle paar Minuten wiederholt sich der Ausbruch des größten und zuverlässigsten isländischen Geysirs.

**** Stóri Geysir (Großer Geysir)** Die beiden bekanntesten Geysire Islands, der Große Geysir und der Strokkur (»Butterfass«), liegen im Geothermalgebiet namens Haukadalur. Bis zum Beginn des 20. Jahrhunderts war der Große Geysir der Star, doch dann kamen die Eruptionen immer seltener, und irgendwann stellte er seine Aktivitäten ganz ein. Mehrmals hat man noch versucht, ihn mithilfe von Seife, die die Oberflächenspannung herabsetzt, zum Ausbruch zu bewegen. Aber ohne großen Erfolg. Nach einem Erdbeben im Jahr 2000 ist der Große Geysir zwar wieder zu neuem Leben erwacht, doch mittlerweile ist kein Verlass mehr auf ihn. Ganz anders als auf den benachbarten Strokkur, der in schöner Regelmäßigkeit alle zehn bis fünfzehn Minuten eine stattliche Fontäne in den Himmel schießt.

***** Strokkur** Ockerfarbenes Gestein, porös, rostrot und grün gefleckt von Mineralien. In der Mitte eine unscheinbar wallende Pfütze: Strokkur, die Attraktion im Haukadalur, ruht. Jedoch nur kurz, denn mit faszinierender Regelmäßigkeit entlädt sich der Geysir gen Himmel. Seine Spannung baut sich langsam auf. Wer genau hinsieht, kann ein Pulsieren im Wasser und die Auswölbung einer blau leuchtenden Blase beobachten. Zieht sich das Wasser in die Erdspalte zurück, steht der Ausbruch bevor. Eindrucksvolle 20 bis 30 Meter hoch schleudert Strokkur seine Fontäne. Und das im Takt von wenigen Minuten. In Geothermalgebieten entstehen Geysire durch den Einschluss erwärmten Wassers in Erdspalten, die sich durch die Bildung von Wasserdampf entladen.

Springquellen und Heißwasserquellen im Haukadalur

Am Fuß des aktiven Vulkans Laugarfjall liegt das Geothermalgebiet Haukadalur, das von feinen Erdspalten durchzogen ist, aus denen unablässig schwefelhaltiger Wasserdampf entweicht. Hier vereinen sich nicht weniger als elf heiße Quellen, darunter so berühmte wie der Geysir Strokkur, aber auch weniger bekannte wie Litli und Smiður. Geysire oder Springquellen sind eine typische Erscheinung in Gebieten mit aktivem Vulkanismus. Für ihre Eruption sind Quellgase verantwortlich. Auch die scheinbar inaktiven Heißwasserquellen wie Blesi oder Fata geraten in unregelmäßigen Abständen in Wallung. Die Erde ist auffallend gefärbt: Durch Gase oder Wasser ausgeschwemmte Mineralien sorgen für Farben von Ocker über Rostrot, Grün bis Türkis.

***** Blesi** Die Heißwasserquelle hat zwei Becken: ein südliches mit siedend heißem Wasser und ein flaches, sich nördlich anschließendes mit Wasser von rund 40 °C. Darin enthaltene Kieselsinterablagerungen filtern das Sonnenlicht und lassen die Quelle türkis leuchten.

Nicht weniger faszinierend sind die Dampffontänen der kleineren Geysire.

Strokkur

Erst wölbt sich die Wasserglocke über dem unscheinbaren Erdloch einige Male, plötzlich schießt dann eine gewaltige Wasserfontäne senkrecht nach oben und lässt die staunenden Zuschauer drum herum winzig klein wirken. Kochend heißes Wasser schnellt rund 30 Meter in die Höhe. Neben dem Großen Geysir und dem Strokkur gibt es in der Nähe noch viele weitere kleinere zu sehen.

Wenn die Wassermassen schäumend in die Tiefe stürzen, steigt feiner Sprühnebel hoch in die Luft und führt oft zu kleinen Regenbögen.

***** Gullfoss** Der »Goldene Wasserfall«, Gullfoss, zählt zu den schönsten und meistbesuchten Islands. Die Hvítá – der »Weiße Fluss« – stürzt über zwei gegeneinander versetzte Fallstufen insgesamt gut 30 Meter in eine enge und mehrere Kilometer lange Schlucht. Im Sommer, wenn die meisten Besucher kommen, führt die Hvítá in der Regel mehr als 100 Kubikmeter Wasser pro Sekunde, was den Gullfoss zu einem imposanten Schauspiel macht. Seit dem Jahr 1979 stehen der Gullfoss und seine Umgebung unter Naturschutz. Dass der Wasserfall, der sich heute in Staatsbesitz befindet, nicht der Energieerzeugung geopfert wurde und heute als kleines Rinnsal in die Schlucht tröpfelt, ist in erster Linie der mutigen Bauerntochter Sigríður Tómasdóttir (1874–1957) zu verdanken, die sich vehement und schließlich erfolgreich für den Erhalt des Gullfoss eingesetzt hat. Zur Erinnerung an sie gibt es in der Nähe ein Denkmal.

*** Búðafoss** Dieser ist einer der kleineren Wasserfälle entlang der Þjórsá. Man erreicht ihn über die Straße Nr. 1 auf der 30 nach Brautarholt, wo eine Rechtsabzweigung auf die 32 bis zur Farm Stórahof führt. Von dort aus wandert man zum Wasserfall.

Die allermeisten Besucher nähern sich dem Gullfoss auf einem kleinen Pfad an der Nordseite.

Hvítá

Sie entspringt dem Gletschersee Hvítárvatn im Hochland. Ihr Name bedeutet »Weißer Fluss«: die Hvítá. Ungestüm weiß schäumend fließt sie 40 Kilometer weit in Richtung Süden, bevor sie über zwei Kaskaden am Wasserfall Gullfoss in eine enge Schlucht stürzt. Etwa zweieinhalb Kilometer lang und ganze 70 Meter tief ist das schmale, in der Eiszeit entstandene Tal, das durch mächtige Gletscherläufe jährlich weiter ausgewaschen wird. Hier wird die Hvítá gebändigt. Nachdem er die Wassermassen der drei Flüsse Tungufljót, Brúará und Stóra-Laxá noch einmal gierig verschlungen hat, schiebt sich der Fluss nur noch behäbig durch die isländische Tiefebene, geht eine Liaison mit dem Fluss Sog ein, um schließlich als Ölfusá seine Reise im Atlantik zu beenden.

**** Hvítárvatn** Wie kunstvolle Batik sehen die Gletscherflüsse am Hvítárvatn aus, malen sich türkis in die Landschaft aus Ocker und Grau, verästeln sich zu einem filigranen Muster. Die Farben, die Island im Hochland hervorbringt, sind nicht von dieser Welt. Dabei ist die Palette der Möglichkeiten streng limitiert: Gletschereis, das am Langjökull in den See kalbt, wechselt von Blau zu Weiß, die Erde spielt mit Braun und Grün, unter das sich Grau mischt, Sprenkel von gelben und roten Flechten. Unter strahlender Sonne etwas blässlich. Doch wenn der Himmel sein Wolkenkleid anlegt, bringt er die Natur zum Strahlen.

***** Langjökull** Mit einer Fläche von rund 950 Quadratkilometern ist der Langjökull (»Langer Gletscher«) der zweitgrößte Gletscher Islands. Seine Ausrichtung von Südwesten nach Südosten folgt im Wesentlichen der aktiven Vulkanzone. Unter seiner Eiskappe liegen mindestens zwei aktive Vulkansysteme, die zumindest zwei Calderen und einen Tafelberg besitzen. Zwei Hochlandrouten, im Westen der Kaldadalsvegur und im Osten der Kjalvegur, führen in der Nähe des Langjökull vorbei, wobei sich immer wieder schöne Blicke auf den Gletscher bieten. Auch hier macht die Klimaerwärmung nicht Halt: Pro Jahr verliert der Gletscher durchschnittlich einen Meter an Dicke. Das hindert Tourenanbieter nicht daran, Ausflüge aller Art zum Gletscher zu organisieren. Highlight ist dabei eine im Jahr 2010 ins Eis gefräste Höhle von gut 500 Meter Länge, die die einmalige Gelegenheit bietet, einen Gletscher von innen zu erleben.

Das Thermalgebiet Kerlingarfjöll liegt auf über 1000 Meter Höhe.

**** Kerlingarfjöll** Ihren Namen verdanken sie einer 25 Meter hoch aufragenden Bergzinne, die Wanderer an eine versteinerte Trollfrau erinnert haben soll: die »Trollweibsberge«. Das Bergmassiv im isländischen Hochland wirkt wie verwunschen inmitten einer bemerkenswerten Landschaft aus zahllosen heißen Quellen und kochenden Schlammtöpfen. Zwischen den Gletschern Hofsjökull und Langjökull ragen farbige Ryolithberge empor, die auch im Sommer noch teilweise von Schnee bedeckt sind. Vulkanische Minerale sorgen für eine unglaubliche Farbigkeit, über der Landschaft hängende Dampfschwaden verleihen ihr einen nahezu unwirklichen Charakter. Zahlreichen Wanderrouten erschließen das Gebiet.

Der 953 Quadratkilometer umfassende Langjökull ist der zweitgrößte Gletscher des Landes. In seinen breiten Eisspalten ist Eisklettern sehr beliebt.

Hochlandweg Kjalvegur

Mit einem geländegängigen Fahrzeug lässt sich die großartige Landschaft zwischen den Gletschern Lang- und Hofsjökull über den 165 Kilometer langen Kjalvegur durchfahren. Die Piste beginnt nördlich des Gullfoss und mäandert parallel zur Hvítá durch karges Gelände, aus dem sich der erloschene Vulkan Bláfell wie ein Eisriese der nordischen Mythologie erhebt. In der unwirklichen Landschaft liegt eines der attraktivsten Thermalfelder Islands: Hveravellir, die Ebene der heißen Quellen, ist durchzogen von dampfenden Erdspalten und Solfataren. Sehr lohnend, wenn auch anstrengend, ist der Aufstieg zum Kraterrand des Strýtur mit spektakulärem Blick in den erstarrten Lavasee. Der Kjalvegur ist nur in den eisfreien Monaten – von Juli bis September – befahrbar.

Kerlingarfjöll

In diesem vulkanischen Gebirgszug ist sehr wenig Vegetation vorhanden, die Farbfacetten des Gesteins verblüffen dennoch. Hier liegt zudem eines der Hochtemperaturgebiete Islands: das Hveradalir.

Zwischen den ockernen Tafelvulkanen steigt weißer Dampf auf, in der Luft liegt ein leichter Rauchgeruch. Gut erschlossene Wanderrouten durchziehen das Gebiet auf über 1000 Meter Höhe.

**** Hjálparfoss** Am Fuße des Vulkans Hekla liegt das Lavafeld Búrfellsrhaun. Hier stürzt der Zwillingsfall Hjálparfoss malerisch über dunkle Basaltsäulen in die Tiefe. Tiefschwarz und glänzend, im Sommer überzogen von hellgrün leuchtendem Engelwurz, markiert das Gebiet den Übergang von Ödnis in fruchtbare Ebene. Einst ließen Reisende ihre Pferde hier tränken und grasen, nachdem sie die lange, beschwerliche Überquerung des wüstenähnlichen, gefährlichen Springisandur endlich gemeistert hatten. Der erste Teil des Namens, »Hjálp«, leitet sich vom Wort für »Hilfe« ab.

***** Þjófafoss** Lange ist sie kaum zu erkennen, umspült leise gurgelnd dunkle Lava und windet sich stark verästelnd durch das Geröllfeld Merkurhraun: die Þjórsá, Islands längster Fluss. Vor einem natürlichen Bassin hält sie dann kurz inne, um sich schließlich auszubreiten und als Þjófafoss in die Tiefe zu stürzen. Von Weiß über Türkis bis Blaugrün leuchten die Wassermassen im Becken, wobei die Farbe je nach Gletscherabfluss variiert. Es heißt, man habe einst verurteilte Diebe über die Klippe in den Tod gestürzt. »Diebesfall« heißt denn auch die Übersetzug des Wasserfalls.

Das Langhaus des Museumshofs Þjóðveldisbær ist ein originalgetreuer Nachbau.

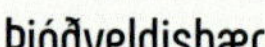

Þjóðveldisbær

Als Hekla im Jahr 1104 erstmals nach der Besiedlung Islands ausbrach, wurde ein ganzes Dorf mit rund 20 Gehöften unter Asche und Bimsstein begraben. Auch der Hof Stöng, der dem Wikinger Gaukur Trandilsson gehörte, wurde ein Opfer von Hekla. 1939 gruben Archäologen einige der gut erhaltenen Ruinen des Stöng-Gehöftes aus. Heute kann man sich die Grundmauern des großen Langhauses sowie die Reste einiger Nebengebäude und einer Kirche anschauen. Nicht weit entfernt gibt es einen Nachbau von Stöng, den Museumshof Þjóðveldisbær. Die Außenmaße sind die der Ruine Stöng, die Außenwände, das Dach und die spärliche Inneneinrichtung wurden originalgetreu rekonstruiert. Zum 1000-jährigen Jahrestag der Einführung des Christentums im Jahr 2000 wurde neben dem Langhaus die kleine Kirche von Stöng nachgebaut.

Von zwei Seiten gleichzeitig strömt der Hjálparfoss in die Tiefe.

Der Þjófafoss mit der Hekla im Hintergrund.

***** Háifoss** Der Wasserfall liegt nördlich der Hekla und ist nach dem Morsárfoss und dem Glymur der dritthöchste Islands. Über eine steile Stufe stürzt die Fossá 122 Meter in die Tiefe. Nicht weit entfernt gibt es einen weiteren Wasserfall, den Granni (»Nachbar«), der in dieselbe Schlucht stürzt und nicht minder sehenswert ist. Wer das Glück hat, die beiden Wasserfälle im Sonnenschein zu erleben, der sieht im Wasserschleier einen schönen Regenbogen. Den Háifoss erreicht man entweder auf einer Piste, die nur mit einem Allradfahrzeug befahrbar ist, oder zu Fuß. Die Wanderung beginnt an den Ausgrabungen von Stöng und führt ohne Markierung durch das Tal der Fossá, das teilweise von farbigen Rhyolithbergen gesäumt ist. Nach rund drei Stunden kommt man oberhalb des Wasserfalls an. Ein schmaler, steiler Pfad führt von dort den Hang hinab zum Fuß des Háifoss in eine grüne Oase.

Das Drumlinfeld des Gletsches Múlajökull an der Südseite des Hofsjökull-Eisschilds.

**** Hofsjökull** Nahezu elf Prozent der Landfläche Islands sind von Eismassen bedeckt, wobei sich viele dieser Gletscherschilde über aktiven Vulkansystemen befinden. Und dadurch eine Gefahr verbergen: Bei Ausbrüchen lässt eruptive Lava Gletschereis schnell schmelzen und löst unterirdische Flutwellen aus, sogenannte Gletscherläufe, die verheerende Ausmaße annehmen und ganze Landstriche deformieren können. Im Hochland, das die geografische Mitte Islands bildet, liegt der Hofsjökull, nach Vatnajökull und Langjökull der drittgrößte Gletscher der Insel. Der Hofsjökull ist nahezu kreisrund und fällt gleichmäßig in alle Richtungen ab. Einzige Unregelmäßigkeit in der perfekten Form sind die markanten Felsnadeln und -wände der Hásteinar, die den Gipfel um gut 100 Meter überragen. Der Hofsjökull speist einige große Gletscherflüsse wie die Þjórsá oder die Jökulsá. »Jökull«, Bestandteil fast aller isländischer Gletschernamen, bedeutet genau das: »Gletscher«.

In einem Stück rauscht der Háifoss in die Tiefe, während es Granni nebenan gemächlicher angehen lässt und sich einen Abstieg über mehrere Stufen gönnt. An der Abbruchkante erkennt man die unterschiedlich harten Gesteinsschichten, die sich im Lauf der Zeit übereinanderlagerten.

Þjórsárdalur

Das östlichste Tal der Árnessýsla ist heute weitgehend Ödnis. Die Ebene ist von Bimsgestein geprägt. Ihren Charakter verdankt sie den häufigen Ausbrüchen des nahen Vulkans Hekla. Eine gewaltige Eruption im Jahr 1104 begrub das im Mittelalter noch dicht besiedelte Tal unter einer dicken Ascheschicht. Heute sind einige der alten Wikingergehöfte, darunter Stöng, freigelegt. Im Þjórsárdalur liegen die malerischen Wasserfälle Hjálparfoss und Háifoss. Letzterer zählt zu den höchsten in Island. Kleinere Fälle reihen sich im Talabschnitt Gjáin aneinander und stauen sich zu natürlichen Becken zwischen eindrucksvollen Lavaformationen wie den Vegghamrar, markante Steinklippen, die bei Kletterern beliebt sind. Am Rande des Tals dehnen sich weitläufige Birkenwälder aus.

Háifoss

Den 122 Meter tiefen Wasserfall speist die Fossá, ein Nebenfluss der Þjórsá. Ins Þjórsárdalur grub die Fossá eine Schlucht, in die sich der Háifoss ergießt. Dieser Wasserfall ist im Gegensatz zu den weiteren Kaskaden des eher flachen Flusslaufes ein atemberaubendes Spektakel. Allein der Blick hinunter in die Tiefe verschlägt jedem Betrachter den Atem.

Unterwegs in der Rangárvallasýsla und auf den Vestmannaeyjar

Spektakuläre und teilweise unwirklich erscheinende Landschaftsformationen prägen das südliche Hochland zwischen dem Hofsjökull und dem mächtigen Vatnajökull bis hinunter zur Küste. Vorgelagert im Meer liegen die Vestmannaeyjar, die »Westmännerinseln«, die vulkanischen Ursprungs sind und in den 1960er-Jahren mit der feurigen »Geburt« einer neuen Insel, Surtsey, Aufsehen erregten.

*** **Hekla** Die Hekla (»Haube«) liegt rund 100 Kilometer östlich von Reykjavík und ist Teil eines 40 Kilometer langen Spaltensystems, das vor 7000 Jahren entstand. Der 1491 Meter hohe Gipfel trägt eine Schneekappe und ist der aktivste und gefürchtetste Vulkan Islands. Fast 40 Ausbrüche konnten seit dem Ende der letzten Eiszeit bis zur Besiedlung nachgewiesen werden, bei denen teilweise große Lavamengen gefördert wurden. Der verheerende Ausbruch im Jahr 1104 war der erste nach einer längeren Ruheperiode und der erste nach der Besiedlung der Insel. Das erklärt, warum viele Siedler sich in der Nähe der Hekla im Þjórsárdalur niedergelassen hatten. Nach der Eruption von 1104 ist der Stratovulkan Hekla bis heute noch 20 bis 30 Mal ausgebrochen. Seit dem Ende der Ausbrüche von 2000 beobachten Vulkanologen, dass sich der Boden jährlich um fünf Millimeter hebt – vermutlich drückt Magma unterirdisch dagegen.

Die Hekla ist der zentrale Vulkan eines langen Spaltensystems. Zahlreiche Ausbrüche schufen hier über Jahrtausende eine bizarre Landschaft.

**** Dynkur** Einer der gewaltigsten Wasserfälle entlang der Þjórsá, dem längsten Fluss der Insel, ist der etwa 38 Meter hohe Dynkur (»Donner«), der auch Búðarhálsfoss genannt wird. Hier zwingt ein zerklüftetes Plateau die Þjórsá auseinander, lässt sie lebhaft und in einer Vielzahl schmaler Wasserläufe über zahlreiche Kaskaden springen. Bei Sonnenschein glitzern in der feinen Gischt über dem Plateau wundersame zarte Regenbögen. Gibt sich der Dynkur in den wasserarmen Wintermonaten bereits sehr ungestüm, braust er im Sommer mit einsetzender Schneeschmelze noch einmal gewaltig auf. Die Wassermassen schwellen eindrucksvoll an.

Der Dynkur stürzt in die Þjórsá.

In der Bergwelt im Hochland bleiben selbst im Sommer an einigen Stellen Schneereste.

Die Naturräume Islands

Island, die Insel aus »Feuer und Eis«, liegt etwa 300 Kilometer östlich von Grönland im Nordatlantik und erstreckt sich bis an den Polarkreis. Die geologisch junge Insel ist vulkanischen Ursprungs und befindet sich auf dem Mittelatlantischen Rücken, der Nahtstelle der Amerikanischen und der Eurasischen Kontinentalplatte. Neben den zahlreichen Kratern belegen Geysire und heiße Quellen die rege vulkanische Tätigkeit, die nahezu ununterbrochen irgendwo auf der Insel stattfindet. Etwa ein Zehntel der Fläche wird von Gletschereis eingenommen. Im Süden ist die Küste flach, ansonsten ist die Landschaft geprägt von Steilklippen und Fjorden. Das Landesinnere kennzeichnen grüne Täler, Vulkane und Gletscher, Geysire und Wasserfälle.

Der Þórisvatn mit den Kerlingarfjöll-Bergen im Hintergrund.

30 Meter breit ist der Sigöldufoss.

Angeln

Island ist ein Paradies für Angler. In klaren Frischwasserseen und Gebirgsflüssen, aus denen man sogar unbedenklich trinken kann, werden vor allem Forelle, Lachs und Arktischer Saibling gefischt. Berühmt für seine Seeforelle ist der Þingvallavatn am Fuß des Vulkans Skjaldbreiður. Mit einem Gewicht von bis zu 15 Kilo lockt der Fisch Angelfreunde aus aller Welt an den See. Jeder, der im Besitz einer »Veiðirkortið« ist, darf in Island die Rute auslegen. Die Karte ist an den meisten Tankstellen und Postämtern erhältlich und gewährt für die Dauer eines Jahres Zugang zu 35 Seen im ganzen Land. Wer Flüsse als Angelgrund bevorzugt, wendet sich an die jeweiligen Landbesitzer und zahlt eine Gebühr. Das ist auch online möglich. In einigen Gebieten ist ein »Catch and Release« erwünscht.

*** Sigöldulón** Wer das pittoreske Landmannalaugar hinter sich lässt, diese unwirklich schöne Landschaft mit ihrem bunten Flickenteppich aus graublauem Pechstein, ocker und rot gefärbtem Ryolith, eingebettet in grüne Moosfelder und ganzjährig gefleckt von Schnee, gelangt in das Gebiet von Rangárþing ytra. Hier wird der Fluss Tungnáa in den Schluchten eines weitläufigen Tuffsteinplateaus zum See Sigöldulón aufgestaut. Als eine der wichtigsten Energiequellen im Land wird auch hier Wasserkraft nutzbar gemacht. Mit einem überaus reizvollen Nebeneffekt: Denn erst wenn Wasser aus dem Sigöldulón abgelassen wird, nimmt weiter flussabwärts der Sigöldufoss überhaupt Form an,

um als 30 Meter breiter Fall über zahlreiche kleine Felsvorsprünge in die Tiefe zu stürzen. Ein Wasserfall, der entsteht und vergeht. Und wie so oft in Island türkis schimmert.

***** Veiðivötn** Wie barocke Perlen an einer Schnur reihen sich in einem lang gestreckten Tal zwischen Langmannalaugar und Þórisvatn zahlreiche Krater und Kraterseen vulkanischen Ursprungs aneinander. Weitläufig eingebettet in sanft auf- und abschwellende Lavafelder, deren Grau von bunten Flechten durchzogen ist, leuchten die etwa 50 Seen in allen Schattierungen von Tiefblau zu Grün. Sie sind bekannt für ihren Forellenreichtum und werden darum auch Angelseen genannt. Die Veiðivötn gehören zum Vulkansystem der Bárðarbunga, die erst im Frühjahr 2015 nach einer spektakulären Eruption erneut zur Ruhe gekommen ist. Man nimmt an, dass die Krater der Veiðivötn bei einer frühen Ausbruchsserie um 1477 entstanden sind, als die Landschaft völlig neu geformt wurde.

***** Þórisvatn** Am südlichen Ende der insgesamt 200 Kilometer langen Sprengisandur, jener öden Piste, die einst Reisende auf der beschwerlichen Querung des Hochlandes nutzten, liegt der Þórisvatn. Zwar ist der See, der aus den Gletscherwassern des nahen Hofsjökull und zahlreichen Quellen gespeist wird, natürlichen Ursprungs, jedoch wird er seit der Jahrtausendwende aufgestaut. Heute gilt er als der größte See Islands. Auch hier bedienen sich die Isländer der Wasserkraft zur Energiegewinnung. Ausläufer des Sees umschließen die Landzunge Útigönguhöfði. Dabei entstehen zwei weite Buchten, deren steile und karge Ufer wenig einladend wirken. Im starken Kontrast dazu steht die faszinierende Färbung: ein für Gletscherseen so typisches milchiges Blau.

Aus der Vogelperspektive wirken die Krater und Kraterseen der Veiðivötn im Hochlandgebiet noch beeindruckender.

Im Jahr 2014 brach die Bárðarbunga im Lavafeld Holuhraun aus.

Allradantrieb ist Standard beim Befahren des Sprengisandur.

Feuerrotes flammendes Gestein trat bei den Eruptionen aus den Erdspalten.

***** Sprengisandur** Zwischen den beiden großen Eismassen Hofs- und Vatnajökull liegt eine der eindrucksvollsten Gletscherlandschaften Islands: der Sprengisandur. Die weite Kieswüste, geprägt von Einsamkeit und Unwirtlichkeit, wurde von frühen Reisenden vor allem wegen plötzlich auftretender Stürme gefürchtet. Man trieb die Pferde dann zu einer schnelleren Gangart an, ließ sie vorwärts sprengen, so die Erklärung zum Namen. Seit Jahrhunderten wird der Sprengisandur als Traverse durch das zentrale Hochland zwischen den besiedelten Gebieten im Norden und Süden genutzt. Mit rund 200 Kilometern verläuft hier mit dem Sprengisandsleið die längste der isländischen Hochlandpisten. Sie folgt in etwa der Riftzone, wo eurasische und nordamerikanische Platte auseinanderdriften.

**** Bárðarbunga** Vulkane und die Unsicherheit, die sie mit sich bringen, gehören für Isländer zum Alltag. Man habe sich an das Leben mit ihnen gewöhnt, heißt es. Und tatsächlich schmiegen sich Farmen gerne an die fruchtbaren Hänge der aktiven Vulkane im Land. Als aber im Herbst 2014 die Bárðarbunga unter dem Gletscher Vatnajökull ausbricht, weicht Gelassenheit berechtigter Sorge: Fast ein halbes Jahr lang spuckt der Vulkan Lava, ätzende Gaswolken legen sich über das Land und färben den Himmel violett. Ein Ausbruch der Rekorde! Doch die Magmakammer entleert sich weit weg vom Eispanzer, und der befürchtete Gletscherlauf, also ein plötzlicher Wasserausbruch, bleibt aus. Erleichterung in Island, schließlich hatte der Vulkan erst 1996 für eine der größten Flutwellen gesorgt.

Bárðarbunga

Im August 2014 begann die Bárðarbunga – mit 2010 Metern Islands zweithöchster Berg – auszubrechen. Nachweislich gibt es wohl alle 500 bis 800 Jahre Spaltenausbrüche dieses unter dem Gletscher Vatnajökull liegenden Vulkans. Wissenschaftler konnten bei der Eruption verfolgen, wie sich das Magma unterhalb einer mehrere Hundert Meter dicken Eisschicht seinen Weg bahnte.

Landschaftserlebnis pur – das südliche Hochland

Die Hochlandpisten werden, abhängig vom Wetter, nur für wenige Monate im Sommer geöffnet. Den Kjölur und das Kaldidalur kann man bei guten Wetter- und Straßenverhältnissen mit einem normalen Pkw bewältigen. Für die Sprengisandur benötigt man wegen der Flussquerungen ein hochbeiniges Allradfahrzeug. Die 190 Kilometer lange Kjölur-Route wird schon seit der Besiedlung genutzt, sie beginnt im Süden am Gullfoss

und führt zwischen den Gletschern Langjökull und Hofsjökull hindurch bis nach Blöndous an der Nordküste. Etwa auf halber Strecke liegt das große Geothermalgebiet Hveravellir. Die Kaldidalur-Route ist 50 Kilometer lang, sie verbindet Þingvellir mit dem Norden und Westen Islands. Hier ritten schon die Goden zum alljährlichen Alþingi. Besonders schön sind im südlichen Teil der Schildvulkan Skjaldbreiður und das Kaldidalur, das kalte Tal zwischen den Gletschern Ok und Þórisjökull. Die je nach Start- und Zielort zwischen 200 und 250 Kilometer lange Sprengisandur-Route ist die anspruchsvollste der Hochlandpisten. Sie beginnt im Süden in Landmannalaugar und führt bis zum Mývatn. Je nach Gemütsverfassung und Wetter wirkt die Hochlandwüste zwischen Hofsjökull und Vatnajökull majestätisch und beeindruckend – oder aber deprimierend trostlos.

**** Naturpark Fjallabak** Der 1979 eingerichtete Naturpark Fjallabak umfasst 47 000 Hektar, er liegt zwischen 500 und 1000 Meter hoch, der höchste Berg ist mit 1281 Metern der Háskerðingur. Schon der Name Fjallabak (»hinter dem Berg«) deutet auf wild zerklüftete Berge und tief eingeschnittene Täler hin. Außerdem gibt es Lavaflächen, Sander, Seen und Flüsse. In den letzten 10 000 Jahren gab es hier relativ selten vulkanische Aktivitäten, der letzte Ausbruch datiert aus dem Jahr 1480. Zu dieser Zeit entstanden die Obsidianströme Laugahraun und Námshraun sowie der Lavastrom Norðurnámshraun. Auch der Explosionskrater Ljótipollur und der weiter nordöstlich gelegene Veiðivötn stammen aus dieser Zeit. Größere Eruptionen scheinen im Gebiet von Fjallabak durchschnittlich nur alle 500 Jahre aufzutreten. Doch im Naturpark gibt es noch intensive hydrothermale Aktivität, erkennbar an vielen heißen Quellen und Fumarolen. Charakteristisch ist jedoch die kräftige Färbung der Rhyolithberge, die in der Sonne in fast allen Regenbogenfarben leuchten. Verstärkt wird das beeindruckende Farbspiel noch dadurch, dass Rhyolithe fast vollkommen vegetationslos sind. Im Gegensatz dazu können Palagonitberge von intensiv grünem Moos überzogen sein. Der Naturpark eignet sich hervorragend fürWanderungen, beliebte Ziele sind unter anderem die Gipfel von Bláhnjúkur und Háalda sowie die Fumarolen der Brennisteinsalda.

***** Frostastaðavatn** Der Frostastaðavatn zählt zu den Maaren des Veiðivötn und liegt als

Der See Frostastaðavatn ist umgeben von Lavafeldern.

grünblauer Spiegel zwischen den Lavafeldern des nördlichen Landmannalaugar. Wie ein erstarrter Fluss mündet der karge Námshraun direkt in den See, Schulter an Schulter mit dem Norðurnámshraun, dessen Basaltlava idealer Nährboden für Flechten und Moose ist. Im Zusammenspiel mit dem Blau des Sees leuchtet die zartgrüne Vegetation vor der dunklen Vulkanlandschaft, die durch einen explosiven Ausbruch im Jahr 1480 geprägt wurde. See, Ebene und umliegende Bergkämme bieten sich für ausgedehnte Wanderungen an. Wer die Anhöhen erklimmt, wird mit einer grandiosen Fernsicht belohnt. Wanderer, die hier zwischen Mai und Juni unterwegs sind, können an den Ufern des Sees den auffällig gefiederten Eistaucher beim Nisten beobachten. Dessen schwarz-weißes Prachtkleid ist grafisch gemustert.

Schneereste und rote Rhyolithhänge zieren die urtümliche Landschaft des Naturparks Fjallabak.

Dómadalur und Dómadalshraun

Das Dómadalur erstreckt sich entlang der Landmannaleið-Piste im südlichen Hochland. In den Wintermonaten wirkt das Tal abweisend und karg, von Frühling bis Frühsommer ist die Ebene überflutet. Sobald sich das Wasser zurückzieht, wird die Erde von üppig grüner Vegetation erobert. Auch ein kleiner See, der versteckt im Tal liegt, trocknet im Sommer stark aus. Hier lebt ein Bestand an Seeforellen. Das Tal war möglicherweise Treffpunkt und Schlichtplatz für Fehden zweier Clans, deren Land in den tiefer liegenden Tälern durch schwer passierbare Flüsse getrennt war. Darauf deutet der Name, abgeleitet von »dómur«, »Gericht«. An das Tal grenzt der Dómadalsrhaun, eine unwirtliche Ebene vulkanischen Ursprungs mit bizarren Obsidianformationen.

Schwarzgrau und Blau stammen von Pechstein und Basalt, das Rötliche stammt von Eisenspuren, Rhyolithgestein sorgt für Beige.

***** Landmannalaugar** Das Gebiet liegt nördlich des Gletschers Mýrdalsjökull inmitten eines farbenreichen Rhyolithgebirges. Die rote Färbung von Bergen wie dem Vulkan Bláhnúkur weist auf einen hohen Eisengehalt hin, Gelb auf Schwefel und Türkis auf Kieselsäure. Ein tiefschwarzer Obsidianstrom kontrastiert hier mit sattgrünen Wiesen, auf denen im Sommer weißes Wollgras wächst. Zudem gibt es warme Quellen, in denen man vorzüglich baden kann. Diese haben früher schon die Hirten aus dem Bezirk Land genutzt. Daher leitet sich auch der Name ab, der so viel bedeutet wie »die warmen Quellen der Leute aus Land[sveit]«. Die ganze Umgebung gleicht einer Farbexplosion, zu jeder Tageszeit zaubert die Sonne neue Lichtstimmungen auf die Berge. So viel Schönheit hat sich längst herumgesprochen – deshalb ist es im Sommer hier oft überlaufen.

**** Brennisteinsalda** Der 885 Meter hohe Vulkan gehört zum Vulkansystem des Torfajökull. Der Berg liegt drei Kilometer von Landmannalaugar entfernt und trägt seinen Namen – »Schwefelwelle« – durchaus zu Recht, denn an seinen Hängen gibt es mehrere geruchsintensive Fumarolen und leuchtend gelbe Schwefelablagerungen. Am Fuß der Brennisteinsalda liegt ein Hochtemperaturgebiet, das stellenweise dampft und qualmt.

**** Laugahraun** Unmittelbar am Zeltplatz von Landmannalaugar befindet sich der bis zu 40 Meter starke, zweieinhalb Kilometer lange Obsidianstrom namens Laugahraun. Der Strom entstand wohl bei einer Eruption um das Jahr 1480. Obsidian ist ein schwarzes, vulkanisches Glas, das zu bizarren Skulpturen erstarrt. Die Farbpalette des Lavafelds bewegt sich von Blauschwarz bis Moosgrün. Den Spaziergang von Landmannalaugar zum Laugahraun kann man durch die Schlucht Grænagil zu einer zwei- bis dreistündigen Rundwanderung ausdehnen. Die Wege sind generell gut ausgeschildert.

Die Farbvielfalt der Berghänge in Landmannalaugar ist überwältigend.

Der Aufstieg zum 943 Meter hohen Bláhnúkur ist keine Strecke für Anfänger.

***** Torfajökull** Islands Farben berauschen. An keinem anderen Ort manifestiert sich dies deutlicher als am Vulkanmassiv Torfajökull. Hier wechselt die Landschaft ganz unvermittelt ihr Kleid, streift das elegante Schwarzgrau des Basalts ab und die bunten Farben von Rhyolith über. Dessen Palette reicht von sattem Ocker zu warmem Braun, von flammendem Rot zu blassem Grün. Am Torfajökull findet sich das größte Vorkommen dieser Gesteinsart in Island. Im Zentrum des Vulkanmassivs liegt das bei Wanderern beliebte Landmannalaugar. Dessen farbige Berghänge sind tief gefurcht und auch im Sommer malerisch von Schneefeldern durchzogen. Darüber hinaus erwärmen dampfende Heißwasserquellen Bäche zu einladenden Badegelegenheiten.

***** Laugavegur und Hrafntinnusker** Der beliebte Trekkingpfad Laugavegur führt von Landmannalaugar ins rund 50 Kilometer entfernte Þórsmörk. Bei durchschnittlicher Kondition und Tagesetappen von vier bis sechs Stunden benötigt man für den Laugavegur vier Tage. Am Ende jeder Etappe wartet eine einfache Hütte des Isländischen Wandervereins, die Schlafplätze sind in der Hochsaison allerdings knapp, deshalb unbedingt rechtzeitig reservieren. Verpflegung gibt es in den Hütten nicht, die muss man selbst im Rucksack mitbringen. Schon der erste Tag ist ein Höhepunkt der gesamten Tour: Von Landmannalaugar steigt man über die 1000-Meter-Marke zur Hütte in Hrafntinnusker

Schnee kontrastiert mit den warmen Brauntönen der Berghänge.

Ein Regenbogen macht das Farbenspiel perfekt.

auf und passiert dabei bunte Rhyolithberge, Obsidianlava, Schwefelquellen und die Heißwasserquelle Stórihver. Daraufhin geht es dann über Álftavatn und Emstrur nach Þórsmörk, einer grünen Oase zwischen Gletschern.

Entlang der Strecke von Landmannalaugar nach Þórsmörk wechselt die Aussicht ständig. In der Ferne ragt der aktive Vulkan Torfajökull auf.

Die Berge spiegeln sich in kristallblauen Seen.

Landmannalaugar

Landmannalaugar zieht unzählige Wanderer und Tekkingfreunde an. Das Areal gehört zum Naturschutzgebiet Fjallabak, welches 1979 gegründet wurde. Besonders attraktiv ist der vielfältige Naturraum. Während die sonstige Umgebung recht karg ist, gedeihen nahe der warmen Quellen diverse Gräser und Kräuter. Zudem durchziehen kleinere Gewässer das Gebiet.

Schützend stehen die Berge um Þórsmörk, den »Wald von Thor«, während das Schmelzwasser der Gletscher das Grün üppig gedeihen lässt.

**** Merkjárfoss (Gluggafoss)** Der Fluss Merkjá überwindet in seinem Lauf gleich mehrere hübsche Wasserfälle. Einer sticht jedoch heraus: Der Merkjárfoss, auch Gluggafoss genannt, entwickelt einen besonders lebhaften Charakter, wenn er anfangs als schmaler Schleier in die Tiefe stürzt und sich dann in einem Labyrinth aus Röhren und Rinnen verzweigt, um über breit angelegte Kaskaden seinen Weg fortzusetzen. Das Gestein im Bett der Merkjá ist weich und wird beständig vom Wasser modelliert. Noch 1947 stürzte der Fluss durch einen senkrechten Tunnel, von dem jedoch nur noch ein Bogen erhalten ist. Während sich der Küstensaum gegen Ende der letzten Eiszeit genau hier befand, öffnet sich das Land heute erst 25 Kilometer weiter südlich zum Atlantik.

***** Þórsmörk** Das Flusstal des Markarfljót bildet den Zugang zum Þórsmörk-Tal, das von drei Gletschern umgeben ist, von denen am oberen Talabschluss der mächtige Mýrdalsjökull besonders imposant aufragt. Durch die geschützte Lage und das Mikroklima im Talgrund konnte sich eine dichte Vegetation aus Moosen, Farnen und Birkenwald bilden. Deshalb wird das Tal des Donnergottes Thor oft als »Grüne Oase« oder »Paradies zwischen den Gletschern« gelobt. Kurze Ausflüge führen zum Aussichtsberg Valahnúkur oder in die Schlucht Stakkholtsgjá. Wer längere Trekkingtouren plant, kann den Laugavegur bis nach Landmannalaugar gehen oder die anspruchsvolle Bergtour nach Skógar in Angriff nehmen. Die Piste nach Þórsmörk ist rau, und es sind einige tiefe Flüsse zu queren – für viele Isländer, vor allem jene aus Reykjavík, eine gute Gelegenheit, den geliebten Superjeep aus der Garage zu holen.

Der Gletscherfluss Markarfljót muss enge Schluchten passieren, ehe er nach langem Weg in den Atlantik mündet.

***** Stakkholtsgjá** Auf dem zerklüfteten Bergrücken Þórsmörk liegt Stakkholtsgjá. Es ist einer dieser verwunschenen Orte, die Abenteuer versprechen. Moosbewachsende Felswände flankieren die Öffnung in die 100 Meter tiefe Felsschlucht. Deren Bett ist von schmalen gurgelnden Bächen durchzogen, die den Weg immer wieder kreuzen. Auch von oben gelangt Wasser in die Schlucht, tropft den Fels hinunter und sorgt für ein feuchtes Mikroklima. Der Canyon gräbt sich etwa zwei Kilometer landeinwärts und verengt sich zunehmend. Auf dem Pfad und in den Bächen häufen sich Felsbrocken, das Gestein wird massiver, der Weg beschwerlicher. Schon lange hat ein anderes Geräusch das Gurgeln der Bäche übertönt: ein Wasserfall am Ende der Schlucht. Über mehrere Felsvorsprünge stürzt hier das Wasser auf den Grund der Schlucht und sammelt sich in einem ausgewaschenen Strudelloch.

***** Markarfljótsgljúfur** Im Osten des Gletschers Tindfjallajökull, unter dem sich auch ein mächtiger Stratovulkan verbirgt, windet sich das Markarfljótsgljúfur als rund 200 Meter tiefe Schlucht eindrucksvoll durch das Hochland: über Jahrtausende geformt, kraftvoll und beständig ausgewaschen von einem der mächtigsten Flüsse Islands. Der 100 Kilometer lange Fluss Markarfljót, hauptsächlich von den Gletschern Mýrdalsjökull und Eyjafjallajökull gespeist, hat ein enormes Einzugsgebiet. Aus Millionen Tonnen Sand und Sediment, die er im Laufe seiner Geschichte in die Niederungen und bis ins Meer gespült hat, wurden ganze Landstriche neu modelliert. So das Schwemmland Landeyjarsandur oder die Niederungen westlich von Eyjafjall. Am besten ist das mehrere Kilometer lange, einem grandiosen Naturschauspiel gleichende Markarfljótsgljúfur über Wanderwege aus dem Þórsmörk erreichbar.

Keldur á Rangárvöllum

In Keldur, im Tal Rangárvellir, ist eines der größten mittelalterlichen Gehöfte mit den typischen Grassodendächern in Südisland erhalten. Das Wohngebäude, auch Langhaus genannt, wurde in nordischer Stabbauweise errichtet und ist mit Schnitzereien verziert. Vom Langhaus führt ein unterirdischer Tunnel zu einem nahe gelegenen Bach. Man vermutet, dass er im 12. bis 13. Jahrhundert als Fluchtweg angelegt wurde. Keldur war in dieser Zeit von einem der mächtigsten alten Wikinger-Clans, den Oddi, bewohnt. Errichtet hat das erste Langhaus in Keldur Ingjaldur Höskuldsson, der hier zwischen 974 und 1000 lebte. Höskuldsson ist einer der Protagonisten der »Njáls Saga«, die wie alle isländischen Erzählungen von historischen Ereignissen und Figuren berichtet.

Stóri Dímon

Um Liebe und Leidenschaft, um Mord und Macht geht es in den alten isländischen Erzählungen. Eine der schönsten ist die »Njáls Saga«. Darin spielt der Stóri Dímon eine bedeutende Rolle: Zur Zeit der isländischen Landnahme nämlich, als die ersten nordischen Siedler entlang des schmalen Küstenstreifens nach urbarem Land suchten, wurden hier erbitterte Schlachten ausgetragen. Der markant aus der Ebene aufragende Berg ist zwar nur 178 Meter hoch, war einst jedoch von strategischer Bedeutung und einfach zu verteidigen. Sein Name soll lateinischen Ursprungs sein. »Zwillingsberg«, so die Interpretation, schließt den kleineren Bruder Litla Dímon mit ein. Eine andere Auslegung nimmt Bezug auf die Form und Lage des Berges, der an einen von goldenen Feldern umgebenen Heuhaufen erinnert.

Der Skógafoss ist gut zu erreichen und ideal für ein Foto mit anschließendem Picknick.

***** Seljalandsfoss** Nur wer sich ganz auf ihn einlässt, entdeckt sein Geheimnis: Unterhalb des Eyjafjallajökull, des Vulkans, der Island 2010 erst ins Bewusstsein der Welt rückte, liegt der Seljalandsfoss. Nicht seine Höhe von 60 Metern oder sein schöner, regelmäßiger Wasserschleier machen ihn so besonders, vielmehr die Tatsache, dass der Wasserfall von hinten begehbar ist. Eine Höhlung im Gestein bietet Gelegenheit für einen kurzen Halt und einen Blick durch die Gischt. Bei klarer Sicht sogar

über den Ozean bis zu den entlegenen Westmännerinseln. Etwas abseits liegt in einer nur durch einen engen Spalt zugänglichen, moosbewachsenen Schlucht der Gljúfurárfoss. Hier stürzt das Wasser senkrecht von oben rund 40 Meter tief auf den Grund.

*** **Skógafoss** Zwischen Eyjafjallajökull und Mýrdalsjökull bildet der Fluss Skógá nahe der Ringstraße einen beeindruckenden Wasserfall. Auf 25 Meter Breite stürzt das Wasser des Skógafoss 60 Meter in die Tiefe. Weiter flussaufwärts bildet der Fluss rund 20 weitere Wasserfälle. An der Ostseite führt die beliebte Trekkingroute Laugavegur bis nach Landmannalaugar. Nach einer Legende verbarg der Landnehmer Þrasi Þórólfsson eine Kiste voller Gold in einer Höhle hinter dem Skógafoss. Ein Junge fand die Truhe, bekam aber nur deren Griff zu fassen, bevor sie ihm entglitt und verschwand. Dieser Griff ist heute im nahen Regionalmuseum von Skógar zu sehen. Das höchst interessante Museum ist das Lebenswerk eines Mannes: Þórður Tómasson (1921–2022). Er brachte nicht nur alte Torfhäuser, eine Schule und eine Kirche nach Skógar und richtete sie ein, auch unzählige Gebrauchsgegenstände überließ er dem Museum.

Der Seljalandsfoss stürzt nahe der Ringstraße über die Felsenkante. Ein schmaler Weg führt hinter dem Wasserschleier vorbei.

Die Ringstraße

Die Ringstraße führt auf einer Länge von rund 1340 Kilometern einmal um die ganze Insel herum, schneidet aber die großen Halbinseln ab. Auf Isländisch heißt sie Hringvegur oder Þjóðvegur Nr. 1 (Nationalstraße Nr. 1). Je nach Landesteil, durch den sie verläuft, kann sie aber auch Suðurlandsvegur, Vesturlandsvegur, Norðurlandsvegur oder Austurlandsvegur heißen. Erst im Jahr 1974 wurden die letzten Abschnitte im Süden

bei Skaftafell fertiggestellt und der Kreis geschlossen. Heute ist die Ringstraße bis auf ganz wenige Bereiche durchgehend asphaltiert; ein Luxus, der auf Island keinesfalls selbstverständlich ist. Die gesamte Ringstraße lässt sich mit einem normalen Pkw befahren, man kann aber auch ganz Island auf ihr mit dem Bus umrunden. Im Süden, im Bereich des Vatnajökull, kommt es immer wieder zu Gletscherläufen, die Teile der Straße oder auch Brücken wegreißen. Doch die Isländer haben viel Erfahrung im Bau provisorischer Brücken, sodass die wichtigste Lebensader des Landes selten mehr als ein paar Tage unterbrochen ist. Eine Islandumrundung auf der Ringstraße ist äußerst abwechslungsreich. Mal führt die Straße direkt am Meer entlang, dann wieder durchs Landesinnere – auch ohne Abstecher sieht man schon viele der größten Sehenswürdigkeiten.

Seit seinem Ausbruch 1973 ist der Vulkan Eldfell ruhig geblieben.

Vestmannaeyjar

Nur wenige Kilometer vor der Südküste Islands liegen die Westmännnerinseln. Ein Archipel aus einem guten Dutzend Inseln und ungefähr drei Mal so vielen Felsen und Schären. Geologisch steckt die Inselgruppe noch in den Kinderschuhen, denn erst vor rund 10 000 Jahren entstand sie durch submarine Vulkanausbrüche. Ihren Namen bekamen die Inseln von irischen Sklaven, die um die Zeit der Landnahme nach einem Mord von Vík aus hierher flohen. Seitdem ist die Inselgruppe nach ihnen benannt, denn Iren nannte man damals »Westmänner«. Drei Mal haben die Inseln für Schlagzeilen gesorgt: Als 1963 durch einen Vulkanausbruch die neue Insel Surtsey entstand, als 1973 ebenfalls durch einen Ausbruch die Hauptinsel Heimaey beinahe unbewohnbar wurde und als 1998 Schwertwal Keiko (aus dem Film »Free Willy«) hier ankam.

***** Heimaey** Nur die größte Insel,Heimaey, ist bewohnt. Auf allen anderen, oft steil ins Meer abfallenden Felsen brüten im Sommer Hunderttausende Seevögel. Ohne jede Vorwarnung öffnete sich am Morgen des 23. Januar 1973 auf der Insel eine zwei Kilometer lange Spalte am Helgafell. Aus ihr schossen gewaltige Mengen rot glühender Lava, bald wälzte sich der Lavastrom bedrohlich auf die nahe Inselhauptstadt zu. Innerhalb weniger Stunden wurden alle Bewohner aufs Festland gebracht. Ein Drittel der Stadt wurde in der Folgezeit unter Asche und Lava begraben. Erst im Juli beruhigte sich der Feuerberg Eldfell wieder. Rund die Hälfte der Inselbewohner kehrte nach dem Ende des Ausbruchs nach Heimaey zurück. Heute lebt Heimaey wieder überwiegend vom Fischfang und der Fischverarbeitung. Die große Trawlerflotte und die modernen Fisch verarbeitenden Betriebe sorgen für Wohlstand.

**** Surtsey** Zwischen 1963 und 1967 entstand südwestlich von Heimaey durch einen submarinen Vulkanausbruch eine neue Insel, die nach dem nordischen Feuerriesen Surtur »Surtsey« benannt wurde. Die jüngste Insel des Westmänner-Archipels wuchs bis auf knapp drei Quadratkilometer, bevor die Eruptionen zum Stillstand kamen. Seitdem nutzen Biologen, die Surtsey als Einzige betreten dürfen, die Insel als Freiluftlabor, um zu studieren, wie Pflanzen einen vegetationslosen Felsen mitten im Meer besiedeln. Die Ergebnisse überraschten, denn es dauerte nicht lange, bis auf Surtsey die ersten Pflanzen wuchsen. Als blinde Passagiere waren die Samen mit Seevögeln auf die Insel gekommen, die auch gleich den Dünger lieferten. Eine weitere Überraschung: Sehr effektiv nagte das Meer an der neuen Insel, denn heute ist Surtsey nur noch halb so groß wie nach dem Ende der Eruptionen.

Winzig wirken die Häuser in einer Bucht des Westmänner-Archipels gegen die gigantischen Felsen.

Fast kreisrund liegt das neue, mittlerweile schon teils begrünte Eiland Surtsey im Meer.

Unterwegs in der Vestur-Skaftafellssýsla

Das Gebiet zwischen dem westlichen Teil des Vatnajökull und dem Mýrdalsjökull, Islands südlichstem Gletscher, birgt eine Zauberwelt aus Vulkanen, Eispanzern, Sandwüsten, Schluchten und Wasserfällen. Am südlichsten Saum der Insel liegt bei Vík í Mýrdal der berühmte schwarze Strand von Reynisfjara, wo sich die Urgewalt des Meeres in ihrer ganzen Erhabenheit zeigt.

Wie blaue Zuckerwatte wirken die Eisschichten des gewaltigen Mýrdalsjökull.

**** Ejyafjallajökull** Nahe der Südküste befindet sich der sechstgrößte Gletscher Islands. Aus dem Eispanzer ragen kleine Nunataks heraus, der höchste von ihnen, der Hámundur, bringt es auf 1666 Meter. Unter diesem Gletscher, der schon von der Ringstraße aus zu sehen ist, liegt der gleichnamige Vulkan mit einer großen Magmakammer. Obwohl der Eyjafjallajökull nach Meinung von Vulkanologen eine rund 800 000 Jahre alte Eruptionsgeschichte hat, zählt er nicht zu den aktivsten und gefährlichsten Vulkanen Islands. Seit der Besiedlung ist er erst viermal ausgebrochen: 920, 1612, 1821 und zuletzt im März/April 2010. 600 Menschen aus den umliegenden Orten wurden damals evakuiert. Als sie wiederkamen, lag die ganze Gegend unter einer dicken, klebrigen Ascheschicht. Doch schon nach vier Wochen Haus- und Hofputz war alles wieder sauber.

***** Mýrdalsjökull** Zusammen mit dem mächtigen Vatnajökull und dem Hochland bildet der Mýrdalsjökull die Klimascheide Islands. Die Trennung von polaren und warmen ozeanischen Luftmassen führt zu einem angenehm trockenen Klima im Norden und extrem hohen Niederschlägen im Süden. Unter seinem breiten Schild verbirgt der Mýrdalsjökull einen der aktivsten Vulkane Islands, die Katla. Deren Krater ist gänzlich mit Gletschereis gefüllt, das bei Eruptionen schmilzt und sich als dramatischer Gletscherlauf in die vorgelagerte Ebene ergießt. Vor dem Bau der Ringstraße mussten Reisende den von Flüssen durchzogenen Mýrdalsandur durchqueren. Das konnte mehrere Tage dauern und war wegen der plötzlich auftretenden Fluten sehr gefürchtet.

**** Katla** Einer der gefährlichsten und aktivsten isländischen Vulkane: Zwar schlummert die Katla seit ihrem letzten Ausbruch im Jahr 1918, macht sich aber regelmäßig durch kräftiges Schütteln der Erde bemerkbar. Pro Jahrhundert sei mit mindestens zwei Ausbrüchen zu rechnen. So weit die Theorie. Der Gletscherschild des Mýrdalsjökull, der den Vulkan dick bedeckt, ist tückisch. Ein Ausbruch würde die Eiskappe schmelzen und je nach Intensität der Eruption einen zerstörerischen Gletscherlauf auslösen. 1918 wurde bei dem sogenannten Jökulhlaup eine derart gewaltige Masse an Geröll in die Ebene geschwemmt, dass sich die Küstenlinie um ganze vier Kilometer seewärts verschob. Benannt ist die Katla nach einer sagenhaften Arbeiterin, die für ihr bösartiges Temperament berüchtigt war. Sie erschlug einen Jungen, flüchtete in die Berge und löste dort einen gewaltigen Gletscherlauf aus.

Am 25. März 2010 sprühten am Eyjafjallajökull im Fimmvörðuháls Lavafontänen in die Luft.

Nur aus der Luft kann man die gewaltigen Eismassen des Mýrdalsjökull überblicken.

Schneemobiltour

Auf Kufen über schneebedeckte Ebenen gleiten und die vorbeihuschende Landschaft genießen: Eine Tour mit dem Schneemobil führt in die höheren Lagen der Gletscher, an die Ränder von Langjökull oder Mýrdallsjökull, die sonst nur schwer erreichbar sind, aber spektakuläre Aussichten bieten. Der Blick von oben zeigt bekannte Landmarken in neuer Perspektive: So leuchtet in zerfurchten Gletscherzungen plötzlich türkises Schmelzwasser, wie ein buntes Muster mäandern Flüsse durch die Ebene, in der Ferne zeigen Dampfschwaden, dass heiße Quellen und kochende Schlammtöpfe allgegenwärtig sind. Mit den motorisierten Schlitten lässt sich Islands weiße Pracht in schnellem Tempo erkunden. Die Handhabung wird vor Ort erklärt, die Sicherheitsausrüstung vom Veranstalter gestellt.

Islandpferde

Schafe und Pferde sind für Isländer unverzichtbar. Schafe halten sie als ökonomisch wichtigste Nutztiere, ihre Pferde lieben sie. Bis zur Einführung des Autos waren Pferde das einzige Transportmittel, jahrhundertelang galten sie als heilige Tiere. Heute sind Islandpferde kaum noch Arbeitstiere – sie werden für den Export gezüchtet oder für Freizeitaktivitäten gehalten. Schon mit den ersten Siedlern vor rund 1100 Jahren

kamen die Pferde auf die Insel. Durch die isolierte Lage und dank strenger Schutzmaßnahmen haben sie sich seither als Rasse nicht verändert. Alle auf Island lebenden Nutztiere dürfen zwar ausgeführt, aber nicht wieder eingeführt werden. Diese Bestimmungen sollen verhindern, dass Krankheiten eingeschleppt werden, die das Erbgut verändern könnten. Islandpferde sind relativ klein, aber kräftig gebaut und haben einen langen, dicken Schweif. Sie sind robust und selbstbewusst und können sogar bei Minusgraden draußen bleiben. Das Besondere ist, dass sie vier oder auch fünf Gangarten beherrschen. Neben Schritt, Trab und Galopp können Viergänger auch den Tölt, eine schnelle und vor allem für Reiter bequeme Gangart, weil das Tier dabei immer ein Bein am Boden lässt. Fünfgänger lernen auch noch den Passgang, der als Königsdisziplin gilt.

Erhöht über dem Ort steht die Kirche von Vík, in der »Bucht im Moortal«.

Reynisfjara

Der schwarze Lavasand ist übersät von schön geschliffenen Basaltsteinen. Es sind ovale Handschmeichler, Murmeln in allen Größen. Wie ein Muschelsucher könnte man den Strand von Reyjnisfjara erkunden. Doch Muscheln gibt es hier nicht. An Islands südlichstem Saum wirft sich der Ozean gewaltig gegen die Küste, schleift unablässig, mahlt und formt das Land. Zartes und Zerbrechliches hält dem nicht stand. Lediglich die Reynisdrangar, drei schwarze Felsnadeln, die vor der Küste aus dem Meer aufragen, trotzen der Macht und Willkür der Wellen: Der Legende nach wollten die Trolle Skessudrangur, Landdrangur und Langsamur hier ein Schiff an Land bringen, wurden von der aufgehenden Sonne überrascht und versteinerten. Sehenswert ist auch ein erkalteter Lavastrom aus markantem Säulenbasalt.

***** Dyrhólaey** Kap Dyrhólaey und das einige Kilometer weiter östlich gelegene Kötlutangi beanspruchen beide für sich, südlichster Punkt Islands (ohne Vestmannaeyjar) zu sein. Es geht um wenige Meter. Da die Küstenlinie jedoch immer wieder ihren Verlauf ändert, gibt es keinen klaren Sieger. Sehenswert ist die Halbinsel Dyrhólaey, eine bis zu 120 Meter hohe Klippe, aber allemal. An der Spitze des Kaps fällt ein von der Erosion zerfressenes schwarzes Felsentor ins Auge. Es ist groß genug, dass kleinere Boote hindurchfahren können. Vom Leuchtturm, der das Kap krönt, genießt man in Richtung Osten einen weiten Blick bis zum Berg Reynisfjall und zur Reynisdrangar, den drei schwarzen Felsspitzen bei Vík í Mýrdal. In Richtung Westen erstreckt sich ein schwarzer, einsamer Traumstrand bis zum Horizont. Auf den grasbewachsenen Vorsprüngen des Kaps sitzen Dutzende

Ursprünglich war Kap Dyrhólaey eine dem Festland vorgelagerte Insel. Sein Name »Tür-Loch-Insel« erklärt sich von selbst.

Papageitaucher und machen sich startklar für den nächsten Beutezug. Im Sommer nisten dort Seeschwalben.

***** Vík í Mýrdal** Der südlichste Ort Islands besitzt keinen Hafen und lebt deshalb seit jeher vom Handel. Sehenswert sind die moderne Kirche in fotogener Lage auf einem Hügel und das maritime Museum Bryðebúð in einem schönen alten Handelshaus. Berühmt ist der kilometerlange schwarze Sandstrand direkt im Ort. Im Sommer brüten auf den Wiesen hinter dem Strand Küstenseeschwalben, die ihre Nester lautstark und mit akrobatischen Scheinangriffen gegen jeden Eindringling verteidigen. Aus dem Meer ragen die Reynisdrangar. Wer ein wenig die Fantasie spielen lässt, erkennt vielleicht, dass es sich bei der markanten Felsgruppe um einen Dreimaster, ein Trollweib und ihren Begleiter handelt. Der Legende nach sollen die Trolle versucht haben, das Schiff an Land zu bringen, trödelten aber so lange, dass sie vom Sonnenaufgang überrascht wurden und zu Stein erstarrten.

***** Mýrdalssandur** Vor allem an der Südküste zwischen den beiden Gletschern Mýrdalsjökull und Vatnajökull ergießen sich unzählige kurze Flussläufe ins Meer, sie schütten ausgedehnte Sanderflächen auf und sorgen so für eine fortwährende Verlagerung der Küste. Der Mýrdalssandur, eine dunkle, vor allem bei schlechtem Wetter bedrohlich wirkende Sandwüste, breitet sich auf 700 Quadratkilometern südöstlich des Mýrdalsjökull aus. Die ständig unter der Eiskappe hervorströmenden Gletscherflüsse transportieren ungeheure Mengen Geröll und fein zerkleinertes Gestein. Bei Gletscherläufen, die vor allem durch Vulkanausbrüche unter dem Eis entstehen, schwellen sie auf ein Vielfaches ihres Volumens an und reißen alles mit sich. Mitten im Mýrdalssandur ragt der Hjörleifshöfði mehr als 200 Meter auf, es ist eine ehemalige Insel, die durch die Verlagerung der Südküste verlandet ist.

Eindrucksvoll erhebt sich der Bergrücken Hjörleifshöfði aus der Fläche des Mýrdalssandur.

Islands Vogelwelt

Mit seinen fischreichen Gewässern, den Steilküsten und vorgelagerten Inseln bietet Island Seevögeln ideale Brutmöglichkeiten. Ein besonderes Schauspiel bieten die Vogelfelsen: Auch wenn in solch einer Kolonie anscheinend Chaos herrscht, gibt es doch auf jedem Felsen eine strenge Ordnung. Ganz unten brüten die Krähenscharben, Gryllteisten und Dreizehenmöwen, darüber Alken, Trottellummen, Eissturmvögel und Bass-

tölpel. Den Platz ganz oben beanspruchen überall Papageitaucher, die in Höhlen unter der Grasnarbe jedes Jahr nur ein Junges großziehen. Die Große Raubmöwe Skua hat sich darauf spezialisiert, anderen Vögeln durch aggressive Flugmanöver ihre Beute abzujagen. Küstenseeschwalben brüten gern auf flachen Uferstreifen, sie nähern sich menschlichen Eindringlingen oft im Sturzflug und drehen erst wenige Zentimeter vor dem Kopf ab. Im Landesinnern sind Goldregenpfeifer, Schneehuhn, Gerfalke, Kolkrabe, Schneeammer, Odinshühnchen, Rotdrossel und Sterntaucher anzutreffen. Auch Sing-, Zwerg- und Trompeterschwäne, Seeadler sowie Schneeeulen lassen sich beobachten. Der See Mývatn ist berühmt für die weltweit größte Vielfalt an Entenarten. Nur Eiderenten, deren feine Daunen begehrt sind, brüten lieber in Strandnähe.

In feinen weißen Linien zieht sich das Wasser der Ófærufossar über die Felsstufen.

***** Mælifell** Wunderbar friedlich wirkt der kegelförmige, von leuchtendem Grün überzogene Vulkan Mælifell – ein Teil des erloschenen Álftafjörður-Vulkansystems im Osten der Südküste – vor der Kulisse des Gletschers Mýrdalsjökull. Vor allem Vulkanologen trauen dem Frieden nicht, denn unter dem Eis schlummert die Katla, ein Vulkan, der regelmäßig ausbricht und dabei verheerende Gletscherläufe auslöst. Zahlreiche Erdbebenstationen am Berg registrieren akribisch jeden Atemzug der Katla. In nur zwei bis drei Kilometern Tiefe gibt es eine riesige Magmakammer mit rund zehn Kubikkilometern Inhalt. Das Wasser der Flüsse, die unter dem Eis hervorquellen, wird regelmäßig auf seinen Mineraliengehalt, Gasgehalt und die elektrische Leitfähigkeit untersucht, Parameter, die sich vor einem Ausbruch ändern können. Selbst per Webcam wird mittlerweile der Mýrdalsjökull überwacht, um sofort handeln zu können.

***** Eldgjá** Die Feuerschlucht Eldgjá verläuft vom Gletscher Mýrdalsjökull über mehrere Dutzend Kilometer in nordöstlicher Richtung bis

Zwischen schwarzer Sanderfläche und weißem Gletscher wirkt der grüne Kegel des Mælifell wie ein Spielhütchen.

zum Gipfel des Gjátindur. Nur wenige Jahrzehnte, bevor die ersten Siedler nach Island kamen, entstand diese Schlucht bei einer Ausbruchserie, bei der zwischen neun und 18 Kubikkilometer Lava und weit über 200 Millionen Tonnen Schwefeldioxid in die Luft geschleudert wurden. Die Auswirkungen müssen in der gesamten nördlichen Hemisphäre zu spüren gewesen sein, doch historische Quellen aus dieser Zeit um das Jahr 940 sind dürftig. Besonders beeindruckend wegen der steilen, teils rot gefärbten Wände ist die Eldgjá an ihrem nordöstlichen Ende.

** **Ófærufossar** Das Wasser der beiden Fälle stürzt in mehreren Stufen von der Hochebene hinab, fließt unten in einem Pool zusammen und entschwindet schließlich durch die Schlucht. Bis in die 1990er-Jahre überspannte eine natürliche Basaltbrücke den unteren Wasserfall, eine besonders starke Schneeschmelze hat dieses Naturwunder zum Einsturz gebracht. Binnen einer halben Stunde kann man zu den Fällen wandern.

So dramatisch wie malerisch stürzen die Ófærufossar über die Kante der Eldgjá.

Laufskálavarða

Nördlich von Álftaver liegt die Laufskálavarða zwischen den Flüssen Hólmsá und Skámlá. Eine sanfte Erhebung aus Tuffgestein, um deren höchsten Punkt Hunderte kleine Steinwarten mit nahezu mathematischer Präzision auf Kreislinien angeordnet sind. Einst sollten sie Reisenden Glück bringen. Doch auch heute noch werden Türmchen errichtet. Die Tradition der Steinwarten reicht zurück in die Zeit, als man die Ebene Mýrdalsandur zu Fuß oder auf dem Pferd durchqueren musste. Mit seinem Geflecht aus Flüssen, die durch plötzliche Gletscherläufe auch heute noch gefährlich anschwellen können, war der Mýrdalsandur eine riskante Reiseroute. Das Gehöft Laufskógar, das einst an dieser Stelle stand, wurde beim ersten belegten Ausbruch der Katla 934 durch einen Gletscherlauf zerstört.

***** Eldhraun** Auf der Fahrt von Kirkjubæjarklaustur Richtung Reykjavík führt die Ringstraße auf rund 20 Kilometern Länge durch das Lavafeld Eldhraun. Die »Feuerlava«, so die Übersetzung, stammt von den Ausbrüchen der Laki-Krater 1783 und 1784, die einige Kilometer landeinwärts im südlichen Hochland liegen. Von dort wälzte sich die Feuerlava auf breiter Front in Richtung Meer und vernichtete auf ihrem Weg Höfe und Weideland. Auch wenn man Kilometer um Kilometer auf der Ringstraße durch diese bizarre Lavalandschaft fährt, sieht man doch nur einen kleinen Teil der damaligen Katastrophe, bei der zwölf Kubikkilometer flüssiges Gestein austraten. Heute ist jeder einzelne Lavabrocken in dieser weglosen Landschaft von einer gelbgrünen Moosschicht überzogen. Besonders plastisch lässt die tief stehende Sonne die Moospolster erscheinen.

***** Fjaðrárgljúfur** Nur wenige Kilometer von Kirkjubæjarklaustur entfernt liegt am Anfang der Hochlandpiste zu den Laki-Kratern das Fjaðrárgljúfur, das einen längeren Aufenthalt lohnt. Durch die nur zwei Kilometer lange und bis zu 100 Meter tiefe Schlucht schlängelt sich der kleine Fluss Fjaðrá, der von den Gletschern im Hochland gespeist wird. Im Laufe der Jahrtausende hat er sich in mehreren Windungen tief in das Palagonitgestein eingegraben, hat senkrechte, glatt geschliffene Wände gebildet. Ein Stück kann man am Rande des Flussbettes durch den Canyon laufen, doch bald gibt es zwischen den Felswänden kein Weiterkommen mehr. Wer aber auf den Wiesen auf der Ostseite der Schlucht aufsteigt, kommt weiter und kann immer wieder einen Blick von oben auf den kleinen Fluss werfen und gleichzeitig die wunderschöne Fernsicht genießen, bevor man die Fahrt zu den Laki-Kratern fortsetzt.

*** Systrafoss** Der »Schwestern-Wasserfall«, wie sein Name übersetzt heißt, befindet sich bei der kleinen Ortschaft Kirkjubæjarklaustur. Der Fluss Fossá ergießt sich hier vom See Systravatn in die Schlucht Fossárgil. Unten in der Tiefe befindet sich eine Kuriosität: der Fossasteinn, der im Jahr 1830 dort hinabgefallen ist.

Das Fjaðrárgljúfur (»Schlucht des Fjaðrá«) mit bemoosten Schluchtwänden und Flussbett.

Wunderschöne Trekking- und Wanderrouten führen um den See und den Wasserfall herum. Der Fußmarsch lohnt sich allemal, denn der Blick in die Schlucht ist atemberaubend. Westlich des Ortes Kirkjubæjarklaustur gibt es zudem noch den Systrastapi, den »Schwestern-Felsen«, zu sehen. Dieser geht laut Legende darauf zurück, dass zwei Nonnen dort begraben wurden, nachdem man sie wegen Frevel und Gotteslästerung verbrannt hatte.

Zwischen den mit dicken Moospolstern bedeckten Lavabrocken des Eldhraun versteht man sie besser, Islands Kindermärchen über Elfen und Trolle.

Der Systrafoss in der Ortschaft Kirkjubæjarklaustur.

Auf dem Weg nach Laki passiert man den Fagrifoss.

Kirkjubæjarklaustur

Der Ort an der Ringstraße, inmitten einer spektakulären Vulkanlandschaft, ist zum Großteil während der Laki-Katastrophe in den Jahren 1783 und 1784 entstanden. Eine kleine, moderne Kirche im Ort erinnert an die berühmte »Feuerpredigt«, die der Pfarrer Jón Steingrímsson beim Ausbruch der Laki-Vulkane gehalten hat. Während er vor der Gemeinde wortgewaltig predigte, änderte der Lavastrom seine Richtung und verschonte den Ort. Anstelle eines Altarbildes ermöglicht ein Fenster den Blick auf den erkalteten Lavastrom. Südlich von Kirkjubæjarklaustur beginnt die Hochlandpiste zu den Laki-Kratern, die zum Großteil mit einem grünen und gelben Teppich aus weichem Moos überzogen sind. Vom Gipfel des 818 Meter hohen Berges Laki sind die Kraterreihe und das ganze Ausmaß der damaligen Katastrophe zu erkennen.

*** **Lakagígar** Die Laki-Katastrophe in den Jahren 1783 und 1784 war einer der verheerendsten Vulkanausbrüche seit der Besiedlung Islands. Am 8. Juni 1783 erzitterte der Süden der Insel, und bald verfinsterte eine dunkle Wolke den Himmel. Aus einer 25 Kilometer langen Spalte loderten zahlreiche Feuer, ein breiter Lavastrom begrub fruchtbares Land unter sich, Asche bedeckte den Boden, und die Luft roch beißend nach Schwefel. Rund 140 Krater schleuderten Lavafontänen in die Atmosphäre, insgesamt verwüsteten mindestens 14 Kubikkilometer Lava die Landschaft. Dazu kamen Aschewolken, die den Himmel verdunkelten, und Schwefel, der die Luft verpestete. Rund zwei Drittel des Viehbestands verendeten, weil ein Großteil des Weidelandes auf Jahre vergiftet war. Über Island brach eine verheerende Hungersnot herein, der rund ein Fünftel der Bevölkerung zum Opfer fiel.

*** **Fagrifoss** Im Nirgendwo auf der Strecke zwischen Kirkjubæjarklaustur und den Laki-Kratern liegt der Wasserfall Fagrifoss. Hier ist die Erde weitläufig zerfurcht, ganz so, als hätte ein Riese sie mit bloßen Händen auseinandergerissen. Gewaltige Erdspalten machen am Rande des Vatnajökull-Nationalparks Platz für Flüsse und Fälle. Fagrifoss, der im Volksmund der »schöne Wasserfall« heißt, wird seinem Namen gerecht. Er ist einer der verspielten: An der Sturzkante teilt er sich, springt über mehrere Kaskaden und Felsvorsprünge, um am Grund der Schlucht große Basaltbrocken zu umspülen, bevor sich das Wasser erneut zum Fluss Geirlandsá sammelt. Wer eine kleine Wanderung auf sich nimmt, genießt von Osten aus einen spektakulären Blick auf diesen schönen Wasserfall.

Die Laki-Krater – Lakagígar – erstrecken sich in einer 25 Kilometer langen Reihe bis hin zum fernen Gletscher Vatnajökull. Im Sommer fährt ein Hochlandbus zu den schönsten Kratern, sonst sind sie nur per Allradfahrzeug oder auf mehrtägigen Wanderungen zu erreichen.

***** Langisjór** Der versteckte See am westlichen Rand des Vatnajökulls erstreckt sich über eine Länge von 20 Kilometern malerisch zwischen den hübschen Bergzügen Tungnárfjöll und Fögrufjöll. Die Hänge der Berge umspielend, wird der Lengisjór mancherorts zwei Kilometer breit und ist durchzogen von kleinen Inseln sowie Landzungen. Er gilt als einer der schönsten Hochlandseen Europas. An seinem südlichen Ende erhebt sich mit 1090 Metern der Sveinstindur, der fantastische Panoramasichten über die Landschaft bietet. Bei klarem Wetter bis zum Lavafeld Skaftáreldahraun, zum Gletscher Öræfajökull und zur Hekla.

Der malerische Langisjór zählt zu den schönsten Hochlandseen Europas.

***** Skaftáreldahraun** Aus einem gewaltigen Ausbruch in der Laki-Spalte entstand einer der größten Lavaflüsse, die die Geschichtsschreibung verzeichnen kann: Zwischen dem 8. Juni 1783 und dem 7. Februar 1784 ergoss sich zähflüssige Lava in die unbewohnte Ebene beiderseits von Kirkjubæjarklaustur und bedeckte während der achtmonatigen Eruption eine Fläche von rund 565 Quadratkilometern. Das entspricht rund einem halben Prozent der Oberfläche Islands. Heute gleicht der Skaftáreldarhraun einem riesenhaften Teppich mit blasenartiger Oberfläche. Die fruchtbare Lava lässt eine dicke Moosschicht gedeihen, die bei Trockenheit leicht gräulich schimmert, nach einem kurzen Regenschauer jedoch saftig grün leuchtet. Trotz ihres robusten Aussehens ist die Vegetation fragil. Im Skaftáreldarhraun gibt es eine Reihe von Lavahöhlen.

Grün bemooste Lavafelder bei Skaftáreldahraun.

***** Dverghamrar** Die »Zwergfelsen« (so die Entsprechung im Deutschen) östlich des Wasserfalls Foss á Síðu sind zwei markante Säulenbasalte, die sich auffällig in die Ebene neigen. Man nimmt an, dass die Landschaft und mit ihr die Dverghamrar gegen Ende der letzten Eiszeit geformt wurden, als der Meeresspiegel noch wesentlich höher lag. Die besondere Form des Gesteins deutet auf ein Zusammentreffen von Meeresbrandung und erkaltendem Lavastrom hin, wodurch der Säulenbasalt entstand. Kühlen Lavaströme sehr plötzlich ab, entstehen starke Kontraktionskräfte. Sie formen säulenartigen Basalt, der im weiteren Abkühlungsprozess von Rissen durchzogen wird. Säulenbasalt hat einen markant sechseckigen Querschnitt

Unterhalb des nebelumwobenen Lómagnúpur wachsen Wildblumen.

und bildet sich immer senkrecht zur abkühlenden Oberfläche. Dverghamrar ist ein isländisches Naturdenkmal.

***** Lómagnúpur** Als eine 688 Meter hohe, imposante Klippe erhebt sich der Lómagnúpur aus dem Bergrücken Björninn, nahe der Núpsvötn-Seen in der einst gefürchteten Schwemmlandebene Skeiðarársandur. An seiner Südseite fällt der Lómagnúpur nahezu senkrecht ab. Fast ist man geneigt, im Berg ein versteinertes Fabelwesen zu erkennen. Und tatsächlich spielt der Lómagnúpur in den Fehden der isländischen »Njáls Saga« eine Rolle, als der Mörder Flosi von einem Riesen träumt, der sich aus dem Gestein erhebt, um ihm seinen Tod zu verkünden. Das Gebiet um den Lómagnúpur ist bekannt für seine außergewöhnlich fotogene Schönheit. Im Süden breiten sich die dunklen, breiten Lavastrände bis hin zum Vatnajökull aus. Hier sind Vulkane, Gletscher und Seen zu einer eindruckvollen Landschaft miteinander verwoben. Auch aus geologischer Sicht ist das ganze Gebiet faszinierend.

Auf den »Zwergfelsen« (Dverghamrar) sollen u. a. Elfen und Trolle leben.

Núpsstaður

Sie ducken sich tief in die Landschaft, ganz so, als wollten sie sich vor dem Wetter schützen. Núpsstaður ist ein alter Weiler am Fuß des Lómagnúpur, der aus rund 15 gut erhaltenen Grassodenhäusern besteht. Die bemerkenswerten alten Gebäude sind repräsentativ für die Architektur isländischer Gehöfte früherer Jahrhunderte. Berühmt ist Núpsstaður vor allem auch für die hier erhaltene kleine Torfdachkirche, die auf den Fundamenten eines Gotteshauses von 1650 errichtet wurde. Als erstes Gebäude Islands wurde sie 1930 unter Denkmalschutz gestellt. Reisende sollen hier vor der Querung des Schwemmlands Skeiðarársandur nochmals Segen und Schutz für die Weiterreise erbeten haben. Erst 1974 wurde mit der Brücke über die Skeiðará die letzte und gefährlichste Lücke in der Ringstraße geschlossen.

Moose und Flechten

Arktisches Klima und vulkanische Aktivität begrenzen die Artenvielfalt Islands stark. Die ersten Siedler rodeten den spärlichen Baumbestand, um Holz für den Haus- und Schiffsbau zu gewinnen und Land urbar zu machen. Erholen konnte sich der Bestand nie, denn Keimlinge wurden von den eingeführten Schafen abgegrast. Auf der dünnen Vegetationskruste der Insel findet man heute in den tieferen Lagen zahlreiche Kräu-

terarten und sogar eine Orchidee, die Nördliche Kuckucksblume. Moosbewachsene Lavaflächen prägen die Landschaft vor allem im Süden Islands. Während Obsidian- und Ryolithlaven vegetationslos bleiben, sind die nährstoffreichen Basaltlaven ideal für das Wachstum von Moosen und Flechten, die sich wie dicke Teppiche über das Land legen. Islands Flechten gedeihen in Blassgrün. Um sich im Sommer vor zu intensiver Sonneneinstrahlung zu schützen, bilden sie ein dunkles Pigment, das ihre geweihartigen Triebe rotbraun bis schwarz färbt. Da Permafrost untypisch ist für Island, gedeihen auch Silberwurz und Gamsheide. Mitunter sieht man die gelben Sprenkel der Sumpfdotterblume. Auf der Insel ist auch das fleischfressende Fettkraut heimisch. Widerstandfähiges Leimkraut gedeiht sogar in den trockenen Hochlandwüsten.

Austurland

Ostisland, »Heimat der Elfen und Trolle«, besticht mit seinen nicht enden wollenden Fjorden, mit dem Hochland und seinen spektakulären Wasserfällen sowie schwindelerregenden Canyons, mit seiner großen Vogelpopulationen und mit schmucken Fischerorten voller Geschichte und Kultur – um nur einige der Highlights zu nennen, die Besucher hier erwarten. Bild: Beeindruckende Farbstimmungen zeichnen sich bei Sonnenuntergang in der Möðrudalsheiði ab.

Unterwegs in der Austur-Skaftafellssýsla

Eingeklemmt zwischen Vatnajökull und Küste, ist dieses Gebiet von ausgedehnten Sanderflächen und Gletscherseen wie Fjallsárlón und Jökulsárlón gekennzeichnet, auf denen Eisberge schwimmen. Die einzigartige Natur wird seit 2008 im Vatnajökull-Nationalpark geschützt; beliebte Ziele darin sind Skaftafell im Südwesten und Kverkfjöll am Nordrand des riesigen Eisschilds.

Im Hintergrund der weiten, fast vegetationslosen Ebene des Skeiðarársandur breitet sich ein südöstlicher Teil des Vatnajökull aus, der Öræfajökull.

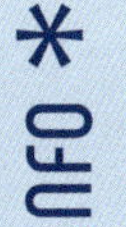

AUSTURLAND
Verwaltungszentrum:
Egilsstaðir (Gemeinde Múlaþing)
Fläche:
21 986 km²
Bevölkerung:
12 882
Bevölkerungsdichte:
0,586 Einwohner/km²

Das Schmelzwasser aus dem Gletscher bildet ein sich ständig veränderndes Flusssystem.

Die Torfkirche von Hof (1884) ist nach traditioneller Art gebaut.

***** Hofskirkja** Sie ist eine von nur noch sechs erhaltenen Torfdachkirchen in Island und die letzte, die in dieser Bauweise errichtet wurde. Seit über 700 Jahren ist ein Gotteshaus in Hof dokumentiert, erstmals erwähnt 1343. Der Kern des heutigen Gebäudes mit Wänden aus Naturstein wurde 1884 errichtet, mit einem kleinen Innenraum, komplett holzvertäfelt und in Pastellfarben gestrichen. Dänische Zinnleuchter gehören zu den Schmuckobjekten. Hofskirkja duckt sich tief in kugelige Grassoden, die der Szenerie einen märchenhaften Charakter verleihen. Unter dem Grün liegen alte Gräber. Heute gehört die Kirche dem Isländischen Nationalmuseum, wird jedoch aktiv als Pfarrkirche genutzt.

**** Skeiðarársandur** Mit 1000 Quadratkilometern bildet der Skeiðarársandur die größte Schwemmlandebene an der Südküste. Vom Vatnajökull werden die beiden Flüsse Skeiðará und Núpsvötn gespeist, sie mäandern durch die weite Ebene, spalten sich dabei in unzählige kleine Arme auf, die fortwährend ihren Verlauf ändern. Die Skeiðará war das letzte Hindernis beim Bau der Ringstraße, das erst 1974 durch eine fast einen Kilometer lange Brücke beseitigt werden konnte. Die Dimensionen dieser Ebene sind gewaltig, die Küstenlinie ist mehr als 50 Kilometer lang, und vom Vatnajökull bis zum Meer sind es 20 bis 30 Kilometer. Früher waren die Überquerung der Ebene und insbesondere der Skeiðará ein gefährliches Unterfangen. Auf dem Hof Núpsstaður am Westrand lebte der legendäre Postreiter Hannes Jónsson (1880–1968), der Reisende jahrzehntelang sicher durch das unübersichtliche Flusslabyrinth der Skeiðará geführt hat.

Ingólfshöfði

Ingólfur Arnarson ist der erste Siedler, der sich dauerhaft in Island niedergelassen hat, an der Rauchbucht, wo heute die Hauptstadt Reykjavík liegt. Doch bis er dort sein Lager aufgeschlagen hatte, verbrachte er einige Zeit auf der Insel Ingólfshöfði vor der Südostküste. Die kleine Insel ist nur eine karge Felsklippe, und die Nähe zum mächtigen Vatnajökull und der gewaltigen Ebene Skeiðarársandur wirkt auch nicht gerade beruhigend. Es gibt Dutzende Orte entlang der Südküste, die einen besseren natürlichen Hafen besitzen, die saftigere Weiden und mehr Schutz bieten. Immerhin verließ er Ingólfshöfði wieder, als seine Hochsitzpfeiler gefunden wurden. Bis heute gibt es auf der inzwischen unter Naturschutz stehenden Klippe außer Vogelkolonien nur eine Gedenksäule für Ingólfur Arnarson, eine Schutzhütte und einen Leuchtturm.

Skeiðarársandur

Wie ein winziger Tupfen erscheint das rote Leichtflugzeug über den weitläufigen und verzweigten Strukturen des Flusslaufs und des Schmelzwassers, das sich seinen Weg aus dem Gletscher Vatnajökull in die weite Schwemmlandebene Skeiðarársandur bahnt. Aus der Vogelperspektive gleicht die unwirklich scheinende Landschaft einem abstrakten Gemälde.

***** Vatnajökull-Nationalpark** Im Jahr 2008 wurde der Vatnajökull-Nationalpark gegründet, mit einer Fläche von über 12 000 Quadratkilometern der größte Nationalpark Europas. Er umfasst den gesamten Vatnajökull, die ehemals eigenständigen Nationalparks Skaftafell und Jökulsárgljúfur sowie die Vulkanmassive von Askja und Herðubreið. Wie viele andere Gletscher Islands entstand der Vatnajökull nicht während der letzten Eiszeit, sondern vor etwa 2500 Jahren. Besonders stark wuchs er während der sogenannten Kleinen Eiszeit, die vom 15. Jahrhundert bis zum Ende des 19. Jahrhunderts dauerte. Seitdem wird der Gletscher wieder kleiner. Während der Nordteil des Vatnajökull mitten im Hochland liegt, das nur auf holprigen Allradpisten und nur in den Sommermonaten zu erreichen ist, führt an seiner Südkante über weite Strecken die Ringstraße entlang. Oft reicht das Eis bis fast an die Küste, und die Ringstraße zwängt sich durch einen schmalen Streifen eisfreien Landes. Von dem Ort Kirkjubæjarklaustur im Westen bis jenseits von Höfn im Osten durchquert man in Gletschernähe eine der faszinierendsten isländischen Landschaften. Es geht durch die riesige Schwemmlandebene Skeiðarársandur, kurze Abstecher führen zu Gletscherzungen und Gletscherseen, auf denen Eisberge treiben. Doch die wahre Größe dieses Eisriesen erahnt man erst, wenn man auf einen der Gipfel steigt und von dort bis zum Horizont nur eine glitzernde Eisfläche erblickt.

***** Kverkfjöll, Kverkjökull** Schwer erreichbar am Nordrand des Vatnajökull liegt zwischen den Gletscherzungen Dyngjujökull im Westen und Brúarjökull im Osten der Zentralvulkan Kverkfjöll, mit 1936 Metern einer der höchsten Islands. Hier entspringt mit der Jökulsá á Fjöllum einer der wasserreichsten Flüsse Islands, der in seinem weiteren Verlauf den Dettifoss und die Jökulságljúfur-Schlucht bildet. Gewaltige Gletscherzungen, Eishöhlen und heiße Quellen machen die ganze Gegend um den Vulkan

Schneebedeckte Gipfel wie der Hafrafell (links) sind in Island selten fern von feuchter Tundra.

Oft sind die Eisflächen von Vulkanasche marmoriert.

zu einem spektakulären Erlebnis. Die beiden Höhenrücken des Kverkfjöll sind durch einen Einschnitt getrennt, daher auch der Name, denn »Kverk« bedeutet im Isländischen »Scharte«. Im Gipfelbereich gibt es zwei Calderen, die südliche ist in der Regel komplett mit Eis bedeckt, während die nördliche großteils eisfrei ist. Lohnend ist die Wanderung zu den Fumarolenfeldern an der Westseite des Kverkfjöll.

Die Oberfläche des Vatnajökull, des »Wassergletschers«, bildet eine raue Eislandschaft, die in mehreren Dutzend Gletscherzungen ausläuft.

Mit Steigeisen, Seil und Eispickel lässt sich der eisige Riese auch erklettern.

Eishöhlen mit dem Durchmesser eines Autobahntunnels

»Insel aus Feuer und Eis« wird Island häufig genannt. Besonders imposant interagieren die beiden so unterschiedlichen Elemente am Kverkfjöll. Unter dem Nordteil des Vatnajökull liefert der Vulkan Kverkfjöll genügend Energie für heiße Quellen. Diese bilden einen Heißwasserfluss, der sich unter dem Gletschereis seinen Weg sucht, dabei Höhlen bildet und irgendwann dampfend unter dem Eis hervorschießt. Die Eishöhlen kön-

nen mehrere Kilometer lang sein und den Durchmesser von Autobahntunneln erreichen. Besonders faszinierend sind die Wände der Höhlen, denn das Wasser taut die Oberfläche des Eises an, das dann bald wieder zu unwirklich glitzernden Mustern gefriert. Auch wenn es mit bloßem Auge nicht zu sehen ist – Gletscher sind immer in Bewegung, deshalb reißt ihre Oberfläche auf, und es bilden sich ständig neue Spalten, die jedes Betreten gefährlich machen. Wer durch ein Seil gesichert auf einem Gletscher unterwegs ist, kann die Gefahr jedoch minimieren. Ganz anders sieht es in den Eishöhlen aus: Das Zusammenspiel von ständiger Bewegung, Wärme und Millionen Tonnen Eis macht jedes Betreten zu einem lebensgefährlichen Unterfangen. Selbst vom Gletschertor sollte man sich fernhalten, denn auch hier können tonnenschwere Eisblöcke abbrechen.

Die Aschewolke des Grimsvötn beim Ausbruch 2011.

***** Skaftafell** Der im Jahr 1967 eingerichtete Skaftafell-Nationalpark ist seit 2008 ein Teil des größeren Vatnajökull-Nationalparks. Benannt wurde er nach dem Berg Skaftafell, ein erloschener und erodierter Vulkan. Am Südwestrand des Vatnajökull gelegen, wird er von den drei Gletscherzungen Skaftafellsjökull, Skeiðarárjökull und Öræfajökull eingerahmt. Wegen der Lage in unmittelbarer Nähe der Ringstraße, des gut organisierten Besucherzentrums, der hervorragenden Infrastruktur und des sonnigen Mikroklimas erfreut sich die Gegend großer Beliebtheit. Vielerorts wirkt Skaftafell wie eine grüne Oase am ewigen Eis. Die Vegetation gedeiht besonders gut, seit mit der Gründung des Nationalparks das Weiden von Schafen verboten ist. Es gibt ausgedehnte Birken- und Ebereschenwälder, einige Bäume erreichen sogar die für Island stattliche Höhe von zehn Metern.

**** Svartifoss** Eine der beliebtesten Unternehmungen vom Besucherzentrum Skaftafell aus ist der gut halbstündige Spaziergang zum Svartifoss. Der Fluss Stórilækur ist eher ein Bach, und die Fallhöhe von etwa 20 Metern ist eigentlich auch nicht erwähnenswert. Doch das Wasser stürzt in ein von Basaltsäulen umrahmtes Becken, deshalb auch der Name Svartifoss, »schwarzer Wasserfall«. Wie Orgelpfeifen, von denen einige sogar herabhängen, wirken die grauen oder fast schwarzen Säulen aus Basalt. Entstanden ist der Kessel aus sechseckigem Säulenbasalt durch dünnflüssiges, kieselsäurearmes Magma, das an der Erdoberfläche relativ schnell erkaltet ist. Auch im Winter ist der Svartifoss ein nicht allzu schwer erreichbares Ziel – dann bildet das stürzende Wasser mit Glück zusätzlich auch Eiszapfen am Basaltvorsprung. Flussabwärts vom Svartifoss folgen die längst nicht so spektakulären Magnúsarfoss, Hundafoss und Þjóðafoss. Vom Wasserfall kann man noch zum Aussichtspunkt Sjónarsker gehen und dort den mit Schnee und Eis bedeckten Vatnajökull bestaunen.

***** Grimsvötn** Unter dem Westteil des Vatnajökull liegt der Zentralvulkan Grimsvötn. Verborgen unter einer 250 Meter dicken Eisschicht gibt es mehrere Calderen sowie einen subglazialen See in der Hauptcaldera. Seit der Besiedlung Islands sind etwa 60 Ausbrüche bekannt, damit zählt der Grimsvötn zu den aktivsten Vulkanen der Welt. Zu den letzten subglazialen Eruptionen kam es in den Jahren 1983, 1996, 1998, 2004 und 2011. Im Jahr 1996 folgte dem Ausbruch einer der gefürchteten Gletscherläufe – Bilder von zerstörten Brücken und hausgroßen Eisbrocken, die in die Ebene geschwemmt wurden, gingen um die Welt. Zwischen den Eruptionen füllt sich die Magmakammer unter der Caldera des Grimsvötn, was zu einem Druck- und Temperaturanstieg führt. Durch die Hitze vergrößert sich der Schmelzwassersee in der Caldera. Erdbeben kündigen in der Regel den bevorstehenden Ausbruch an. Bei der Eruption von 2011 stand schon bald eine riesige Wolke über dem Grimsvötn, die aber im Gegensatz zum Ausbruch des Eyjafjallajökull im Jahr zuvor zum Großteil nur aus Wasserdampf bestand. Vom Öræfajökull bis nach Kirkjubæjarklaustur gab es einen starken Ascheregen, weshalb die Ringstraße gesperrt werden musste. Nach knapp einer Woche hatte sich der Grimsvötn wieder beruhigt.

Die Landschaft des Skaftafell beeindruckt mit starken Kontrasten: Die Ebene unter den Gletscherzungen leuchet im Frühling und Sommer mit einem Teppich aus Wildblumen.

Wegen der Farbe des Gesteins heißt der Wasserfall Svartifoss, »schwarzer Wasserfall«.

*** Öræfajökull, Hvannadalshnúkur** Schon von der Ringstraße wirkt das Vulkanmassiv des Öræfajökull beeindruckend. Bei dem Gletscher handelt es sich um einen mächtigen Zentralvulkan, der seit der Besiedlung der Insel nur zwei Mal – 1362 und 1727 – ausgebrochen ist. An seinem Gipfel gibt es eine große, eisgefüllte Caldera, von der neun Gletscher bis ins Tal reichen. Am Rand der Caldera ragt ein gutes Dutzend Bergzacken hervor, der höchste von ihnen ist der Hvannadalshnúkur. Lange wurde die Höhe des Hvannadalshnúkur mit 2119 Metern angegeben, doch neuere Messungen ergaben eine um neun Meter geringere Höhe. Geologen gehen in diesem Fall nicht von einem Messfehler aus, sondern glauben, dass es sich um »Atemzüge« der unterirdischen Magmakammer handelt, was bei Vulkanen keine Seltenheit ist. Wer bei klarer Sicht mit dem Flugzeug aus Europa ankommt, sieht das Bergmassiv beim Anflug auf Keflavík.

Im Fjallsárlón kalbt die Gletscherfront über eine große Breite und ist direkt von vorne zu sehen.

***** Fjallsárlón** An den südlichen Ausläufern des Vatnajökull gibt es mit den Gletscherseen Stemmulón, Jökulsárlón, Breiðárlón und Fjallsárlón ganz besondere Attraktionen. Durch den Rückzug von Gletscherzungen entstanden hier in den letzten Jahrzehnten Seen, auf denen im Sommer Eisberge schwimmen. Die spektakulärsten Eisberge treiben auf dem Jökulsárlón, doch wer in Ruhe das Schauspiel von kalbendem Eis beobachten möchte, ist am Fjallsárlón richtig. Oberhalb des Gletschersees liegen Hvannadalshnúkur und Öræfajökull, von diesen zieht sich die Gletscherzunge Fjallsjökull bis in den See, in den sie kalbt. Das zerklüftete Eis bildet teilweise haushohe Türme, die in das Wasser des Gletschersees eintauchen. Wer sich ans Ufer setzt und geduldig wartet, hat gute Chancen, einen dieser Eistürme zusammenbrechen und ins Wasser stürzen zu sehen.

Direkt auf den Hvannadalshnúkur zu, Islands höchsten Gipfel, führt die »Nationalstraße 1« im Südosten der Insel.

Gletschertouren

Wanderungen auf dem Gletscher offenbaren, was aus der Distanz verborgen bleibt: Gletschereis ist rau, zerklüftet und ständig in Bewegung. Etwa elf Prozent der Landfläche Islands sind vom Eis bedeckt. Die Verschiebungen der mächtigen Eisschilde des Vatnajökull oder Hofsjökull haben die isländische Landschaft stark geprägt. Denn Eis beginnt bei einer Mächtigkeit von rund 30 Metern zu fließen. Etwa durch den enormen Druck des Eigengewichts. Dadurch entsteht ein Schmelzwasserfilm, auf dem das Eis gleitet. In der Bewegung reißt die Eisdecke, was den Gletscher unberechenbar macht. Darum sollten Wanderungen, beispielsweise auf dem leicht zugänglichen Sólheimajökull, nur in Begleitung eines erfahrenen Bergführers unternommen werden. Zur richtigen Ausrüstung gehören Steigeisen und Sicherungsseile.

Jökulsárlón

Durch die Nähe zur Ringstraße ist der Gletschersee Jökulsárlón am Südrand des Vatnajökull eine der meistbesuchten Sehenswürdigkeiten Islands. Von der Gletscherzunge des Breiðamerkurjökull, die sich in den letzten 100 Jahren über zwei Kilometer zurückgezogen hat, brechen ständig Eisberge ab, stürzen in den See und treiben dann über einen kurzen Fluss ins Meer.

Mittelalterliches Museumsdorf Stokksnes

Was wie ein mittelalterlicher Weiler anmutet, ist in Wahrheit ein Filmset, das niemals zum Einsatz kam. Vor der imposanten Kulisse des Vestrahorn rücken derb gezimmerte Häuser hinter einem Palisadenzaun zusammen. Einfache Gebäude und aufwendigere, deren Fassaden mit detailreichen Schnitzereien aus der nordischen Mythologie geschmückt sind. Die Befestigung erinnert an die weniger sicheren Zeiten in Island, als soziale Gefüge noch brüchig waren und das Recht des Stärkeren galt. Niedergeschrieben in den Sagas und Eddas, die heute im Kulturhaus in Reykjavík aufbewahrt werden. Die Siedlung liegt direkt am Wanderweg, der um den Kirkjusandur führt. Hier grasen ganzjährig Islandpferde, die zur Farm des Landbesitzers gehören und sich von Wanderern nicht stören lassen.

***** Höfn** Vor etwas mehr als 100 Jahren beschloss der Kaufmann Ottó Tulinius, den Ort Papós aufzugeben und weiter westlich in Höfn neu anzufangen. Also ließ er sein Haus zerlegen und in Höfn wieder aufbauen. Heute dient sein Haus Gamlabúd am Ortseingang als Heimatmuseum. Der Grund des Umzuges war der bessere Hafen, was auch im vollständigen Namen Höfn í Hornafirði (»Hafen im Hornfjord«) deutlich wird. Architektonisch hat der moderne 1600-Einwohner-Ort wenig zu bieten, wegen der Nähe zum Vatnajökull und der guten Infrastruktur machen aber viele Reisende hier einen Stopp. Größte Sehenswürdigkeit ist das Gletschermuseum, das multimedial und umfassend über den Vatnajökull informiert. Bei gutem Wetter lohnt sich ein Spaziergang durch den Hafen, von hier reicht der Blick bis zur nahen Gletscherzunge Fláajökull und dem Leuchtturm, der die Hafeneinfahrt bewacht.

***** Vestrahorn und Eystrahorn** Ihre Namen schulden sie ihrer Form, dem gezackten, an Hörner erinnernden Kamm. »Vestra« steht für Westen, »Eystra« bedeutet Ost. Ein ein-

Der schwarze Sand auf der Landspitze Stokksnes bildet einen reizvollen Kontrast zum Dünengras, zum Himmel wie zum Meer.

drucksvolles Bergmassiv, das als eines der wenigen in Island aus Gabbro besteht. Gabbro, ein Gestein vulkanischen Ursprungs mit bläulich-schwarzer Färbung, ist eine Variante des Basalts, die tiefer im Erdmantel entsteht und durch Landerhebungen infolge abschmelzender Eismassen an die Oberfläche der Erdkruste tritt. Zusammen mit dem erloschenen Vulkan Krossanesfjall und der markanten Felsnase Brunnhorn säumen Vestra- und Eystrahorn die Landzunge, die als einer der ersten Orte in Island besiedelt wurde. Hier ließ sich der Norweger Hrollaugur aus Møre nieder. Wanderwege unterschiedlicher Schwierigkeitsgrade führen über die Kirkjusandur, am Fuß der Bergkette entlang und hinauf zum Hafnartangi, ein alter Anlegeplatz, an dem noch heute das hölzerne Wrack eines alten Bootes malerisch auf den Felsen liegt. Anspruchvolle Wanderer finden einen Pfad, der über die Berge führt.

Fischerboote spiegeln sich im Wasser des Hafens von Höfn.

*** Stokksnes** Knapp zwölf Kilometer östlich von Höfn liegt die felsige Halbinsel Stokksnes, die den weitläufigen Kirkjusandur vom offenen Meer abschirmt. Während im Süden der Atlantik mit voller Wucht auf die steinige Küste prallt und erodiert, rollen die Wellen im Norden sanft auf dem feinkörnigen schwarzen Lavastrand aus. Zurück bleiben nasse Flächen, in denen sich das Vestrahorn spektakulär spiegelt. Die Dünen am Saum der Bucht sind im Sommer fotogen von lila und weiß blühenden Lupinen überzogen. Neben einem kleinen Leuchtturm steht hier auch eine 1955 für die NATO errichtete Radarstation.

Unterwegs in der Suður-Múlasýsla, Neskaupstaður und Seyðisfjörður

»Ostfjorde« wird dieses Gebiet auch genannt, denn es ist, ähnlich wie die Westfjorde, stark gegliedert, auch wenn hier die Berge und Fjorde nicht ganz so imposant sind. Meist ist das Bergland steil mit schmalen grünen Küstenstreifen. Die tief eingeschnittenen Küsten bieten viele gute Naturhäfen, deshalb entstanden ab 1900 mehrere Orte, die bis heute gut vom Fischfang leben.

Der 400-Seelen-Ort Djúpivogur wird vom Berufjörður und vom Hamarsfjörður eingerahmt. Die Menschen dort leben vom Fischfang.

Der Hamarsfjörður wird von der Ringstraße umrundet.

**** Djúpivogur** Wer Island bereist, muss seine Vorstellung von Stadt und Dorf zurechtrücken. Mit weniger als 500 Einwohnern gilt die Gemeinde in den Ostfjorden nämlich als eine der größeren im Land. Hier lebt man vom Fischfang und zunehmend vom Tourismus. Die hübsche Siedlung mit ihren alten, bunten Holzhäusern ist eng mit der deutschen Geschichte verwoben, seit sich um das Jahr 1500 die ersten Bremer Kaufleute niederließen. Am 20. Juni 1589 erhielt die Hanse schließlich das offizielle Handelsrecht. An die wirtschaftliche Blütezeit erinnert das alte rot gestrichene Handelshaus Langabúð, einst ein Warenlager und typisch für die Zeit um 1800. Heute beherbergt es ein Museum. Sehenswert sind auch die kleine Kirche und eine Installation des zeitgenössischen Künstlers Sigurður Guðmundsson im Hafenbereich: Überdimensionale Nachbildungen der Eier von 34 in der Umgebung nistenden Vögeln säumen die Gleðivík-Bucht.

Das beschauliche Djúpivogur gilt als Bilderbuchort.

*** Búlandstindur** In perfekter Pyramidenform überragt der 1069 Meter hohe Búlandstindur die Westufer des Berufjörður. Seine aus vulkanischen Basaltlagen und unterschiedlichen Sedimenten bestehenden Schichten verlaufen beinahe waagerecht. Besonders dann, wenn die Hänge mit Schnee bepudert sind, zeichnen sie sich deutlich ab und erinnern an die Landschaften von Ostgrönland oder den Färöern. Auf etwa 700 Meter Höhe befindet sich die markanteste dieser Stufen, die auch Goðaþrep (»Götterstufe«) genannt wird. Der Name soll zurückgehen auf Ereignisse unmittelbar nach der Christianisierung Islands im Jahr 1000, als der Legende nach heidnische Clan-Führer die Zerstörung von Götterbildern anordneten und sie anschließend vom Goðaþrep in die Tiefe werfen ließen. Eine ähnliche Erzählung rankt sich um den mächtigen Wasserfall Goðafoss im Norden der Insel.

**** Hænubrekkufoss** Er ist der imposanteste einer Reihe von Wasserfällen entlang des Flusses Berufjarðará auf dessen Weg hinab in den Fjord. Mit großem Anlauf überspringt die Berufjarðará hier drei markante Plateaus und stürzt dabei über 55 Meter in die Tiefe. Weder ist die Berufjarðará ein breiter Strom, noch wird sie von Gletschereis gespeist. Jedoch liegen in ihrem Einzugsgebiet Dutzende kleiner Tümpel und Gebirgsseen. Berge, die die Ufer des Flusses flankieren, sind bis in die Sommermonate von Schneefeldern bedeckt, die einen stetigen Zufluss garantieren. Auf dem Höhepunkt der Schneeschmelze stürzen sich enorme Wassermassen donnernd über den Fall und lassen eine unübersehbare Nebelwolke vom Grund aufsteigen. Der Wasserfall liegt versteckt, rund fünf Kilometer nördlich von Djúpivogur.

Die letzte Stufe des Hænubrekkufoss ist 30 Meter hoch.

Papey

Etwa sieben Kilometer vor der Küste von Djúpivogur liegt die kleine Insel Papey, deren Grasflächen der Schafhaltung dienen. Auf dem Eiland gibt es ein Wohnhaus, eine Kirche und einen Leuchtturm, den Hellisbjarg von 1922. Außerdem Platz genug für eine Handvoll Bewohner. Die blieben jedoch nur bis 1966 durchgängig von Frühjahr bis Winter. Heute wird Papey ausschließlich im Sommer bewohnt. Vogelbeobachter schätzen den rund zwei Quadratkilometer großen Felsen und lassen sich mit dem Boot übersetzen, um Papageitaucher, Möwen oder Enten zu beobachten. Die Eiderenten-Kolonie auf Papey ist eine der größten in Island. Der Name Papey soll sich von »Papar« ableiten. So wurden irische Einsiedlermönche genannt. Archäologisch nachgewiesen ist deren Anwesenheit auf der Insel jedoch nicht.

*** Fáskrúðsfjörður** Ein Ort auf Island, der französisch geprägt ist? Fáskrúðsfjörður zeugt tatsächlich von französischer Vergangenheit und daran erinnern nicht nur die zweisprachigen Schilder im Ort. Von Ende des 19. Jahrhunderts bis 1914 setzen französische und belgische Fischer die weite Strecke über, um vor Ostislands Küsten ihrem Beruf nachzugehen. Von bis zu 5000 Seeleuten ist heute die Rede, die sich hier verdingt haben. Sie unterhielten nicht nur eine eigene Niederlassung, sondern auch eine eigene Kirche sowie ein Krankenhaus und Konsulat, allerdings kamen sie wohl nur selten an Land und waren zumeist auf den Schiffen zugange. Auf dem Friedhof am Ortsrand liegen einige dieser Fischer heute begraben, ein Museum erinnert an die Zeit, die der Schriftsteller Pierre Loti auch in seinem Roman »Pêcheur d'Islande« (1886) festgehalten hat. Noch heute leben die Menschen hier hauptsächlich von der Fischerei.

Der Norðfjörður liegt an der äußersten Ostküste Islands.

**** Reyðarfjörður** Wenn Fjorde derart lang und schmal ins Land reichen, ist das die ideale Position für einen Hafen. So ist es wenig verwunderlich, dass am Ende des rund 30 Kilometer langen Fjordes die gleichnamige Stadt liegt. Sie war schon immer von Handel und Wirtschaft geprägt, einst wichtiger Umschlagplatz der Bauern, heute sorgt sie mit ihrem Aluminiumwerk für viele Arbeitsplätze. Das Werk ist nicht unumstritten, denn dafür wurde auch das

Nach Fáskrúðsfjörður am gleichnamigen Fjord kamen vor etwa 100 Jahren jeden Winter Fischer aus Frankreich.

Hólmatindur

Ein wenig erinnert seine Silhouette an das Matterhorn, wenn er so dreiecksförmig und steil aufragt. Sein Lavagestein ist rund 11 Millionen Jahre alt. Die Eiszeiten haben diesen Berg geformt, der wie eine Pyramide aus der Landschaft ragt. Besonders hübsch ist es, wenn sich seine Spitze im Wasser des Fjords Reyðarfjörður spiegelt. Der Hólmatindur misst zwar nur 985 Meter, ist aber eine Herausforderung für Bergsteiger. Dennoch lohnt sich die Mühe: Oben kann man sich nicht nur ins Gipfelbuch eintragen, sondern auch einen grandiosen Ausblick auf den Fjord genießen. Und natürlich auf die zu Füßen liegende Stadt Eskifjörður mit ihrer hübschen Kirche und den typischen kleinen Häusern. Der leichteste Weg zum Gipfel ist von Reyðarfjörður aus, selbst Geübte aber brauchen hier noch etwas mehr als drei Stunden.

An der Küste beim Reyðarfjörður blickt man weit hinaus auf die See.

Kárahnjúkar-Kraftwerk errichtet, um Strom zu gewinnen. Es hat zwar sehr viele Arbeitsplätze geschaffen, aber eben auch den empfindlichen Lebensraum der Rentiere durchschnitten mit dem Stausee und große Teile der Landschaft verändert. Sehenswert am Ort ist ein Kriegsmuseum, das an den Zweiten Weltkrieg erinnert, als bis zu 3000 Soldaten als Stützpunkt der Alliierten stationiert waren.

*** **Gerpir** Malerisch schwingt sich die Steilküste von Gerpir zu einem Bogen. Die östlichste Spitze Islands ragt wie ein Dorn ins Meer hinein. Am Fuße der Küste findet sich etwas, das auf der Insel selten ist – ein heller Strand. Manche der Kliffs hier sind mehr als 12 Millionen Jahre alt, sie gehören wohl geologisch zu den ältesten Teilen Islands. Die Hänge lassen sich gut auf den Wanderwegen erkunden, die durch dieses Gebiet führen. Doch bevor man startet, sollte man sich eine verlässliche Karte der Umgebung besorgt haben – beispielsweise in den Tourismusämtern der umliegenden Dörfer. Im nahe gelegenen Sandvík soll, so die Sage, ein Gespenst spuken, das einen Frack trägt. Wenn man es trifft, hebt es zum Grüßen gleich den Kopf vom Hals, also aufgepasst. Wohnten einst Fischer in dieser Gegend, ist die Landschaft heute unbesiedelt – bis auf herumirrende Gespenster eben.

*** **Neskaupstaður** Der Hering, der sich hier im Meer so zahlreich befindet, hat schon immer die Menschen von weit her angelockt. So kamen nicht nur Fischer aus Holland und Frankreich und hofften, den großen Fang zu machen, sondern ebenfalls von den Färöern und aus Norwegen. Seit fast 150 Jahren wird der Fisch auch vor Ort im großen Stil verarbeitet, die örtliche Fischfabrik ist noch immer der größte Arbeitgeber in der knapp 1500-Seelen-Gemeinde. Oberhalb des Ortes versuchen die Isländer, einen Wald hochzuziehen, Wanderwege führen zu diesem Areal ebenso wie zu dem großen Wall, der die Stadt vor winterlichen Lawinen schützen soll. Im Winter schließt sich oberhalb der Gemeinde am Pass Oddsskarð ein Skigebiet an und erfreut die Einheimischen mit Schneespaß.

In Seyðisfjörður gibt es eine lebendige Kunst- und Kulturszene; der Ort bietet sich zudem als Ausgangspunkt für etliche Unternehmungen an.

***** Seyðisfjörður** Der ganze Ort ist wegen seiner einzigartigen Lage und der vielen bunten Häuser ein Postkartenmotiv. Aufgrund der reichen Heringsfänge im 19. Jahrhundert siedelten hier viele Norweger und machten Seyðisfjörður zu einem wohlhabenden Handelsplatz. Noch heute gibt es viele schön sanierte Holzhäuser aus der Zeit des Heringsbooms, die die Norweger damals als Fertighäuser aus der Heimat mitgebracht hatten. Ein Schmuckstück ist die stattliche hellblaue Kirche, die einst ebenfalls als Bausatz aus Norwegen kam. Das Technische Lokalmuseum Ostislands zeigt die Geschichte und Entwicklung von Medizin und Telegrafie. Im Kulturzentrum Skaftfell werden Ausstellungen von einheimischen Künstlern gezeigt. Einmal in der Woche erwacht der verschlafen wirkende Ort zum Leben, wenn die Fähre der Smyril Line aus Dänemark einläuft und einige Hundert Autos ausspuckt.

**** Bjólfur** Schroff sind sie und steilwandig, die Berge von Seyðisfjörður. Der 1085 Meter hohe Bjólfur hat dabei extrem abfallende Hänge. Weil er damit so besonders anmutet, glauben manche Einheimische auch, dass er eine Kultstätte und eine Art Tempel alter Zeit sei. Was im Sommer noch beschaulich wirken mag, kann im Winter zu einer echten Gefahr werden: Im Jahr 1885 ging eine große Lawine von seinen Hängen nieder und kostete 24 Menschen das Leben. Noch heute zittern die Einwohner von Seyðisfjörður im Winter vor den Schneerutschen. Im Sommer hingegen wirkt dieser Flecken einmalig idyllisch und ist ein beliebter Treffpunkt für Paraglider und Co., die hier die Aufwinde für ihren Sport zu nutzen wissen. Die unteren Hänge eignen sich für einfache Wandertouren, die auch immer wunderbare Aussichten auf Täler und den Fjord garantieren.

***** Gufufoss** Ein Schafdieb soll hier einst sein Unwesen getrieben und in einer Höhle hinter dem Wasserfall gehaust haben – so eine alte Sage. Er hieß Björn, stibitzte die Schafe von den Feldern, schlachtete und verzehrte sie in der Höhle. Da sich der Rauch seines Feuers mit der Gischt des Wasserfalls vermischte, blieb er unentdeckt – so lautet die Erzählung. Wer sich den Wasserfall genauer ansieht, der erkennt tatsächlich eine kleine Höhle. Ob die Isländer mit ihrer Fantasie ein wenig nachgeholfen haben oder ob sie tatsächlich groß genug ist, um sich dort zu verstecken, bleibt offen. Unbezweifelbar ist die Schönheit, mit der der Fluss sich seinen Weg gen Atlantik sucht. Ebenso sicher ist, dass es noch immer Schafe in der Gegend gibt – allen Dieben zum Trotz.

Reizvoll sind die farbigen Norwegerhäuser in Seyðisfjörður.

Die lichtblaue Holzkirche von Seyðisfjörður entstand zu Beginn des 20. Jahrhunderts.

Der Gufufoss ist einer der größten Wasserfälle von Seyðisfjörður.

Unterwegs in der Norður-Múlasýsla

Zauberhaftes gibt es hier zu entdecken: Im abgelegenen Dorf Bakkagerði am Borgarfjörður eystri sollen Elfen und Trolle leben, während im See Lögurinn (auch Lagarfljót genannt) angeblich der Lagarfljótwurm haust, die isländische Entsprechung des schottischen Ungeheuers von Loch Ness. Doch auch die ganz »normale« Natur und lebhafte kleine Orte wie Egilsstaðir tragen zum Zauber dieser Region bei.

Nur beim herbstlichen Schafabtrieb, dem Mittwinterfest Þorrablót und zu Mittsommer herrscht mehr Leben am Borgarfjördur eystri.

*** Borgarfjördur eystri** Der Borgarfjörður eystri liegt im Nordosten Islands in einer der abgelegensten Gegenden der Insel. Von der nächsten größeren Stadt Egilsstaðir fährt man rund 70 Kilometer auf unbefestigten Straßen durch eine menschenleere Landschaft, muss einen Pass überqueren, der im Winter oft zugeschneit ist, passiert das Bergmassiv Dyrfjöll, genießt den Blick auf einen traumhaften Strand, umrundet schließlich noch ein wildes Kap und kommt dann endlich nach Bakkagerði – ein Dorf mit gerade einmal 100 Einwohnern. Die wenigen Menschen, die noch hier ausharren, leben von der Landwirtschaft und der Kabeljaufischerei. Ein Großteil des Fangs wird gesalzen und nach Spanien exportiert, für die getrockneten Köpfe gibt es in Nigeria Abnehmer. Die abgeschiedene Lage mit beeindruckenden Bergen und guten Möglichkeiten zur Vogelbeobachtung und zum Wandern lockt so manchen Naturliebhaber in diese Einsamkeit.

**** Dyrfjöll** Wer den Weg an den nur wenig in die Küste einschneidenden Borgarfjörður und nach Bakkagerði gefunden hat, sucht entweder für ein paar Tage die absolute Ruhe oder möchte wandern gehen. Auch wenn man das Gefühl hat, am Ende der Welt zu sein, gibt es in der weiteren Umgebung des Fjordes mittlerweile mehr als 100 Kilometer markierte Wanderwege. Wer sich fit für eine lange Wanderung in der Einsamkeit fühlt, fährt von Bakkagerði zum Pass Vatnskarð und steigt von hier steil landeinwärts auf. Nach rund zwei Stunden erreicht man den gewaltigen Bergsturz Stórurð. Dann kann man noch die Runde um das Dyrfjöllmassiv vollenden, ist aber dafür den ganzen Tag unterwegs. Ein vergleichsweise gemütlicher

An der Küste leben viele Papageitaucher.

Spaziergang führt dagegen in die Schlucht Innra Hvannagil. Deren steiler werdende Wände bestehen aus farbenprächtigem Rhyolithgestein, das an vielen Stellen von schwarzen Basaltadern durchsetzt ist.

***** Stórurð** Ein Hauch von frühlingsgrünem Moos liegt auf dem schwarzen Tuffgestein, die Brocken, die den Weg säumen, sind durchzogen von Luftlöchern. Der Weg zum Stórurð ist eine Pracht der Kontraste und wird belohnt von einem schier unwirklichen Blauschimmer des Wassers. Der Name Stórurð bedeutet so etwas wie »großer Felshaufen« und charakterisiert die Landschaft sehr gut, denn viele der Brocken und Steine wirken wie hingeworfen. Es handelt sich tatsächlich um einen Bergsturz. An dieser Stelle in den Dyrfjöll-Bergen wandert der Besucher über die Reste eines alten Zentralvulkans aus dem Tertiärzeitalter. Seine Caldera brach später ein und wurde in der Eiszeit glatt geschliffen. An diese erdgeschichtlichen Episoden erinnern heute noch die vielen kleinen Gesteinsbecken des Gebietes, in denen das Wasser so leuchtend türkis schimmert. Mit etwas Glück liegen auch noch Schneereste am Rand der Pools.

Bakkagerði – Heimat der Elfen

Bakkagerði ist die Heimat der Elfen und Trolle. In der Álfaborg (»Elfenburg«), einer 30 Meter hohen Felsformation mitten im Ort, residiert angeblich die isländische Elfenkönigin. Da die Wesen aber scheu sind, hat sie noch niemand zu Gesicht bekommen, trotzdem glaubt die Mehrheit der Isländer an ihre Existenz. In der Kirche von Bakkagerði verbirgt sich ein Schatz: das Altarbild des bekannten isländischen Malers Jóhannes Sveinsson Kjarval (1885–1972), der hier aufgewachsen ist. Seine ungewöhnliche Interpretation der Bergpredigt zeigt Jesus auf der Álfaborg. Eine weitere Sehenswürdigkeit steht neben der Kirche: das rote Holzhaus Lindarbakki. Es ist über 100 Jahre alt, und viele halten es für ein Freilichtmuseum. Doch Haus und Garten sind in Privatbesitz, werden liebevoll gepflegt und im Sommer als Wohnort genutzt.

Will man zum Stórurð wandern, passiert man zunächst den Dyrfjöll-Gebirgszug.

Rentiere

Bei den Hirschen tragen eigentlich stets die Männer das Geweih, es ist ein Zeichen ihrer Stärke und dient zum gegenseitigen Messen um das Weibchen. Doch bei den Rentieren scheint ein wenig Gleichberechtigung in die Sache gekommen zu sein, denn hier haben auch Weibchen »die Hörner auf«. Das Rentier bleibt somit die einzige Hirschart mit weiblichen Geweihträgern. Die Rentiere sind keine ursprünglichen Isländer – sie wur-

den im Jahre 1771 aus Norwegen als Nahrungslieferanten eingeführt. Aus den damals 13 Tieren sind inzwischen etwa 3000 geworden und die Jagd auf das Ren gehört im Osten inzwischen zu den isländischen Traditionen, um den Bestand der Säuger zu kontrollieren und weil das Fleisch sehr geschätzt wird. Rentiere sind Herdentiere und ziehen im Verband über das Land. Jenseits der Paarungszeit verlieren sie ihr Geweih, das sich am vorderen Ende schaufelförmig verbreitert. Doch meistens nicht beide Seiten auf einmal, sodass hier viele Tiere mit nur einer Geweihstange auf den Wiesen grasen. Sind sie erst mal in Fahrt, können sie Geschwindigkeiten von bis zu 80 Stundenkilometern erreichen. Auch der kalte Winter macht ihnen nichts aus, sie können locker Minusgrade bis zu 50 °C unter Null überstehen, da sie ein sehr dichtes Unterfell besitzen.

Skriðuklaustur

Die weiße Fassade mit schwarzen Steinen, gesprenkelt wie das Pferd von Pippi Langstrumpf, das Dach mit seidendünnen Grashalmen bewachsen und ein großer Vorbau mit vielen Arkaden – ein Haus wie dieses sticht aus der typisch Isländischen Bebauung sofort heraus und man muss nicht lange rätseln, um es als Künstlerhaus zu entlarven. Hier hat der isländische Schriftsteller Gunnar Gunnarsson (1889–1975) in der Nähe seines Geburtshauses ein Herrenhaus entwerfen lassen. Errichtet wurde es 1939 vom deutschen Architekten Fritz Höger, blieb aber unvollendet, da der Autor bereits zehn Jahre später wieder nach Reykjavík umsiedelte. Er vermachte seinem Land den Hof mit der Auflage, ein Kulturzentrum zu errichten. In der Nähe finden sich die Ausgrabungen eines alten Augustinerklosters aus dem 15. Jahrhundert.

**** Egilsstaðir** Das moderne Örtchen blickt auf eine lange Geschichte zurück. Dort, wo heute Supermärkte stehen, wurden früher Verbrecher hingerichtet. Die alte Ortsbezeichnung Galgaás (»Galgenberg«) erinnert noch an die Zeit des historischen Þing-Platzes. Erst ab Mitte des 20. Jahrhunderts entwickelte sich die Stadt von einem großen Gutshof zum Verkehrsknotenpunkt und Dienstleistungszentrum. Das weite grüne Tal, in dem Egilsstaðir liegt, wird wegen des milden Klimas und der relativ guten Böden landwirtschaftlich intensiv genutzt. Im Ort lohnt das Ostisländische Heimatmuseum Minjasafn Austurlands einen Besuch, denn seine Fundstücke aus einem Wikingergrab zählen zu den wichtigsten archäologischen Kostbarkeiten Islands.

***** Lögurinn** Seeungeheuer gibt es nicht nur in Schottland – Island hat auch eines. Es heißt Lagarfljótwurm, ihm eilt der Ruf voraus, harmlos zu sein. Der Riesenwurm soll in diesem lang gestreckten »Loch Ness von Island« gesehen worden sein. Ob es sich dabei um austretende Gase, die an der Oberfläche für Blasen sorgten, handelte oder tatsächlich um ein Fabelwesen, ist nicht geklärt. Sicher jedoch ist, dass der Lögurinn, oder Lagarfljót, wie der drittgrößte Binnensee Islands auch heißt, 35 Kilometer lang ist, aber nur etwa 2,4 Kilometer breit. Und da Geschichten über Seeungeheuer auch immer Neugierige anlocken, kurvt im Sommer ein Ausflugsboot über das Gewässer. Mehr als 20 Flüsse speisen es mit Wasser, darunter auch die Jökulsá í Fljótsdal sowie die Kelduá. Der See ist gut erschlossen für Autotouristen, die Straße Upphéraðsvegur umringt ihn fast komplett.

***** Hengifoss** Den Wasserfall erreicht man von Egilsstaðir auf der Straße, die am Ufer des Lögurinn entlangführt. Unterwegs passiert man das kleine Dorf Hallormsstaður, das mitten in Islands größtem Waldgebiet Hallormsstaðaskógur liegt. Seit mehr als 100 Jahren wird der Wald am Ostufer des Sees gepflegt, doch nur selten werden die Bäume höher als zehn Meter. Für viele Isländer ist es trotzdem etwas Besonderes, am Wochenende auf dem Campingplatz in Atlavík das Zelt oder den Wohnwagen mitten im Wald aufstellen zu können. Mit 118 Metern Fallhöhe ist der Hengifoss nach dem Glýmur und dem Háifoss der dritthöchste Wasserfall Islands, doch es ergießt sich nur ein dünner Wasserfaden in die Tiefe. Sehenswert ist die Schlucht, denn in ihr wechseln sich rote Tonschichten mit dunklem Basalt ab. Unterhalb vom Hengifoss liegt der 30 Meter hohe Lítlanesfoss mit einem Säulenbasaltbecken.

Im sanften Abendlicht reicht der Blick über den Lögurinn fast bis nach Egilsstaðir an seinem Nordostende.

Der Fußweg zum Hengifoss dauert etwa eine Stunde.

Acht Kilometer lang ist das Hafrahvammagljúfur, eine der eindruckvollsten Schluchten Islands.

***** Snæfell** Schlummert er nur oder ist er ganz erloschen? Beim Snæfell (»Schneeberg«) ist diese Frage bis heute nicht eindeutig geklärt. Sicher ist, dass der Vulkan mit seinen 1833 Metern Höhe zu den höchsten Bergen jenseits der Vatnajökull-Kette gehört, und ein beliebtes Ziel für Wanderer und Ausflügler ist. Wenn die sich ihren Weg über sumpfig-gurgelnde Wiesen bahnen, über einsame Geröllhalden kommen, aus denen die Grasbüschel aufragen wie grüne, feine Lanzen, oder Schneefelder passieren, dann haben sie den Berg fast immer im Blick. Manchmal stehen Steinmännchen am Weg, ein anderes Mal leuchten die Puschel des Wollgrases in der Sonne. Es gibt eine Berghütte (Snæfellsskáli), in der Wanderer übernachten können. Wer den Berg erklimmen will, sollte nicht nur gute Kondition und Ausdauer mitbringen, sondern auch eine gute Ausrüstung, denn das Wetter am Snæfell ist sehr wechselhaft. Am beliebtesten ist die Westroute für den Aufstieg.

**** Dimmugljúfur und Hafrahvammagljúfur** Wie Wasser und Wetter ausdauernd und beharrlich über die Jahrhunderte tiefe Schluchten in starke Felsen schnitzen können, zeigt die »dunkle Schlucht«. In dunkelsten Tönen präsentiert sich das vulkanische Gestein hier bei verhangenem Himmel. Sobald die Sonne herauskommt, spielen die steilen Felswände ein ganz eigenes Spiel von Rostrot, Ocker oder Hellgrau, während 200 Meter weiter unten Eisflächen liegen. Obwohl der Fluss inzwischen gestaut ist, um Strom für ein Aluminiumwerk zu generieren, hat die Wildnis hier noch nichts von ihrem Reiz verloren. Ebenso spektakulär ist das Hafrahvammagljúfur, das ebenfalls 200 Meter in die Tiefe geht. Hier hat der Fluss Jökulsá á Dal mit seiner hohen Strömungskraft über die Jahrhunderte fleißig gearbeitet.

Mit 1833 Metern Höhe ist der Snæfell einer der höchsten Berge Islands.

Kárahnjúkar-Kraftwerk

Dieser Energielieferant bringt im Jahr etwa 4800 GWh. Mit seinem knapp 60 Quadratkilometer großen Stausee und dem 700 Meter langen Hauptstaudamm ist Kárahnjúkar eines der größten Wasserkraftwerke Europas. Ihm dient die Wasserkraft der beiden Flüsse Jökulsá á Dal und Jökulsá í Fljótsdal. Beeindruckend ist der 193 Meter hohe Damm, der ersteren Fluss aufstaut. Trotz der enormen Energieleistung und den Arbeitsplätzen, die es für das Aluminiumwerk Fjarðaál schafft, ist das Kraftwerk nicht unumstritten, denn sein Bau zerstörte ursprüngliche Naturflächen und damit die Heimat vieler Tierarten, beispielsweise von im Hochland überwinternden Rentieren. Auch die viel zu hohen Kosten, die der 2007 fertiggestellte Bau des Kraftwerks forderte, waren und sind Kritikpunkte.

Kárahnjúkar-Kraftwerk

Dieses Wasserkraftwerk zählt zu den größten ganz Europas. Die beiden Flüsse Jökulsá á Dal und Jökulsá í Fljótsdal speisen das riesige Energiewerk. Der 2007 fertiggestellte Damm stieß auf heftigen Widerstand, doch mochte das Land auf den Ausbau der Energiequelle nicht verzichten. Gegner sehen vor allem den Naturraum (im Bild: Singschwäne) der Insel massiv bedroht.

***** Möðrudalur** Wie auch der Hof Sænautasel gehört Möðrudalur zu den abgelegenen und am höchsten gelegenen Höfen des Landes. Hier wird deutlich, welch ein hartes Brot es einst war, sich als Landwirt in Island zu verdingen. Auf 470 Meter Höhe befindet sich dieser kleine Hof, der in der wüstenartigen Umgebung von Möðrudalsöræfi völlig deplatziert wirkt. Die große Ebene ist geprägt von steppenartiger Weite, in deren Ferne sich Vulkankegel zu Bergen türmen. Durchbrochen wird die Einsamkeit nur von einigen Schafen, die sich auf der Sommerweide tummeln. Schafzucht ist auch das, was die Familie des Bauern Stefánsson seit Jahrhunderten ernährt. Seit der Zeit der Landnahme im 8. Jahrhundert ist dieser Hof durchgängig bewohnt. Nicht nur er ist einen Abstecher wert, sondern auch die kleine Kirche, die der Bauer für seine Frau im Jahr 1949 errichtet hat. Im nahen Café Fjallakaffi sollte man unbedingt die Kuchen probieren.

***** Vopnafjörður** Wie eine weite Kerbe zieht sich der Fjord in das Land. Er trennt die Landstriche Digranes und Kollumuli voneinander. Im Süden türmt sich der Berg Krossavíkurfjöll 1079 Meter hoch auf. Eine einsame Landschaft, deren einziger Ort, das gleichnamige Vopnafjörður, sich auf der Landzunge Kolbeinstangi in den Fjord erstreckt. Tatsächlich sieht diese Halbinsel aus wie eine Stange und reicht tief in den Fjord hinein. Von hier wanderten viele Isländer im 19. Jahrhundert nach Amerika aus, nachdem der Vulkan Askja im Jahr 1875 ausgebrochen war. Die Geschichte dieser Auswanderungswelle dokumentiert ein Museum

Auf markierten Wanderwegen lässt sich der Vopnafjörður gut zu Fuß erkunden.

Tankstelle und Kirche in Möðrudalur.

vor Ort. Besichtigenswert sind auch die historischen Torfhöfe von Bustarfell. Angler freuen sich über die als Lachs- und Forellen-Hotspots bekannten Flüsse Selá, Hofsá, Vesturdalsá and Sunnudalsá. Wer auf den östlichen Gebirgen schöne Ausblicke erleben will, nimmt den Pass von der Hellisheiði.

Neigt sich der Tag dem Ende zu, beobachtet man spektakuläre Sonnenuntergänge am Vopnafjörður.

Sænautasel

Umweltfreundlicher kann man wohl nicht bauen – der Hof liegt eingebettet in die Landschaft wie ein Grashügel. Erst auf den zweiten oder dritten Blick werden die Umrisse des langen Hauses erkennbar. Er verwächst geradezu mit seiner Umgebung, und wenn der Mensch nicht ab und zu der Natur Einhalt gebieten würde, würde sie sich wahrscheinlich das komplette Haus zurückerobern. Die Wände bestehen aus Torfziegeln und sind außen über und über mit Gras bewachsen. Der Hof stammt von 1843 und war 100 Jahre lang bewohnt – mit einer Ausnahme: Als der Vulkan Askja 1875 ausbrach und einen Ascheregen hinterließ, wichen die Bewohner für einige Jahre in andere Quartiere aus. Seit 1992 ist das Gehöft als Museum restauriert, ein Café bewirtet die Gäste mit Köstlichkeiten.

Norðurland eystra

Im »östlichen Nordland« Islands dampft und zischt es. Schlammtöpfe köcheln vor sich hin, und ganze Berge leuchten wegen des auskristallisierten Schwefels in allen Gelb- und Orangetönen. Vor allem rund um den Mývatn-See lassen sich sämtliche vulkanische Phänomene hautnah erleben. Trotz der Nähe zum Polarkreis ist das Klima häufig erstaunlich mild und trocken. Bild: Der gewaltige Dettifoss ist der energiereichste Wasserfall Europas.

Unterwegs in der Norður-Þingeyjarsýsla

Die von Wald umgebene Ásbyrgi-Schlucht, deren Form der Sage nach auf einen Hufabdruck von Odins Pferd zurückgeht, und die tosenden Wasserfälle Sellfoss, Dettifoss und Hafragilsfoss sind die bedeutendsten Naturschönheiten dieser nordöstlichen Ecke von Island. Die Fälle gehören zum Fluss Jökulsá á Fjöllum, der Schmelzwasser vom Nordrand des Vatnajökull bis ins nördliche Eismeer bringt.

Basstölpel lieben die Klippen der Langanes-Halbinsel; auf dem Monolithen Stóri Karl vor der Küste sind sie geschützt vor Feinden.

** **Langanes** Rund 40 Kilometer schiebt sich die Halbinsel Langanes, die einem Entenkopf mit Schnabel ähnelt, zwischen Þistilfjörður und Bakkaflói ins Meer. Ab Mitte des 20. Jahrhunderts setzte die Landflucht ein, mittlerweile ist die Halbinsel gänzlich unbewohnt. Selbst das einst blühende Fischerdorf Skálar an der Ostküste der Halbinsel, in dem früher bis zu 300 Menschen lebten, besteht heute nur noch aus Ruinen. Þórshöfn am Anfang der Halbinsel ist die letzte noch intakte Ansiedlung, die sogar über einen Flughafen verfügt. Der kleine Ort lebt von der Fischerei sowie der Verarbeitung der Fänge und ist das Dienstleistungszentrum für die spärlich besiedelte Umgebung. Bei einem Spaziergang durch Þórshöfn genießt man einen Panoramablick auf den Lónafjörður, eine Bucht des größeren Þistilfjörður, der seinen Namen zur Zeit der Landnahme durch einen gewissen Ketill bekam, der den Spitznamen Þistill (»Distel«) trug.

INFO *

NORÐURLAND EYSTRA

Verwaltungszentrum:
Akureyri

Fläche:
22 695 km²

Bevölkerung:
29 081

Bevölkerungsdichte:
1,281 Einwohner/km²

An Islands Nordostende versinkt die Mittsommersonne auch nachts kaum unter dem Horizont.

*** Stóri Karl** »Großer Mann« heißt dieser Name übersetzt – und trifft den Charakter des Felsens wie den Nagel auf den Kopf. Es ist ein massiver vorgelagerter Klotz im Meer, der mehr oder weniger ständig von langhälsigen, großen weißen Vögeln besiedelt ist: Die Basstölpel geben dem Brocken sein dekoratives Häubchen und sorgen beim Näherkommen für ein einzigartiges Konzert.

***** Melrakkaslétta** Fast menschenleer und von herber Schönheit präsentiert sich die »Ebene der Polarfüchse«, so die Übersetzung des isländischen Namens. Im Westen der Halbinsel wechseln sich spärliches Grün und staubige Geröllfelder ab, der Osten wirkt mit seinen kleinen Seen und Mooren etwas lieblicher. Kópasker zählt mit gut 100 Einwohnern zu den größten Orten der Halbinsel, eine Kirche und ein kleines Heimatmuseum mit einer stattlichen Büchersammlung sind die Sehenswürdigkeiten. Im äußersten Nordwesten lohnt ein Spaziergang zum tiefroten Vogelfelsen Raudinúpur, der in der Abendsonne regelrecht zu glühen scheint. Im Norden ist die Küste rau, vom Meer weht oft ein eiskalter Wind. Überall liegt Treibholz herum. In früheren Zeiten war das ein kostbares Gut und deshalb eine begehrte Beute; heute sammelt es kaum noch jemand.

***** Öxarfjörður** Wenn sich Kontinentalplatten voneinander entfernen, entstehen zumeist tektonische »Krisengebiete«. Nicht nur mit der San-Andreas-Verwerfung in Amerika, sondern auch in Europa findet sich ein solcher Graben. Sogar mitten durch Island zieht er sich und ist als Mittelatlantischer Rücken bekannt. Er dehnt sich von Reykjanes bis zum Öxarfjörður aus, wo er im Meer verschwindet. Der Mittelatlantische Rücken wird von fünf aktiven Vulkanfeldern gesäumt. Nicht nur das bringt Unruhe aus dem Boden, sondern sorgt beizeiten auch für Erdbeben. Dieses Stückchen Land ist spannungsreich und dabei noch sehr hübsch anzusehen mit den Lavafeldern, Schluchten und Buchten. Manche Spalten sind sehr weit, und wie Tafelberge ragen die Landteile an den Seiten auf. Der Fjord ist etwa 30 Kilometer breit und wird von Steilküsten, dunklen Stränden und flachen Ebenen gesäumt. Hübsch ist auch die Gegend um den Gletscherfluss Jökulsá á Fjöllum.

Northeast Birding Trail

Islands Norden ist wohl mit das vogelreichste Gebiet des Landes – mehr als 60 Arten brüten hier. Zählt man die Zugvögel noch hinzu, können bis zu 80 Arten gut beobachtet werden. Dazu gehören etwa Steinschmätzer, Spatelente, Odinshühnchen oder Merline. Besonders interessant ist der Birding Trail in den Monaten Mai bis Mitte Juni. Dann lassen sich die Vögel am besten beobachten. Später, wenn sie brüten, wird es bei manchen Arten schon schwieriger, sie zu sehen. Wer den ganzen Weg absolvieren möchte, sollte rund eine Woche einplanen, die Route führt vom See Mývatn bis zur Halbinsel Langanes. Einpacken sollten Vogelfreunde auf jeden Fall ein Fernglas und ein Bestimmungsbuch. Papageitaucher erkennt ja fast jeder, aber wie ist es mit dem seltenen Gerfalken?

Verlassene Farmhäuser verströmen einen morbiden Charme – die Landwirtschaft erwies sich im kalten Norden oft als zu unergiebig.

*** Jökulsá á Fjöllum** Der Fluss Jökulsá á Fjöllum entspringt am Nordrand des Vatnajökull und entwässert mehrere Zungen des riesigen Gletschers. Mit über 200 Kilometern ist dies einer der längsten Flüsse Islands und zudem einer der wasserreichsten. Auf mehr als der Hälfte der Strecke fließt er eher gemächlich, bildet Mäander und Schwemmlandebenen. Doch danach stürzen die von Sedimenten graubraun gefärbten Fluten über mehrere Wasserfälle in die Tiefe. Der zwölf Meter hohe Selfoss sowie der 40 Meter hohe Dettifoss gehören zu den bekanntesten Kaskaden, danach folgen noch weitere kleine Fälle.

***** Jökulsárgljúfur-Nationalpark** Das Schutzgebiet unterteilt sich in Tief- und Hochlandregionen. Erstere können ganzjährig besucht werden, Letztere nur von Sommeranfang bis Herbst. Ein Highlight des Parks ist zweifelsohne die Schlucht der Jökulsá (Jökulsárgljúfur). Sie ist 25 Kilometer lang, 500 Meter breit und bis zu 120 Meter tief und damit die größte Erosionsschlucht Islands. Vor kalten Winden geschützt sowie dank der Feuchtigkeit gedeiht auf ihrem Grund stellenweise eine dichte Vegetation. Die Schluchten am Gletscherfluss Jökulsá á Fjöllum, die Ásbyrgi-Schlucht, mehrere Wasserfälle, darunter der Dettifoss, einer der größten Fälle Europas, und zahlreiche Lavaformationen gehören zu den weiteren Sehenswürdigkeiten des 120 Quadratkilometer umfassenden Nationalparks, der seit 2008 einen Teil des Vatnajökull-Nationalparks bildet. Man kann hier gut campen; mehrere Besucherzentren geben Auskunft.

*** Ásbyrgi-Schlucht** Nördlich vom Dettifoss befindet sich die dreieinhalb Kilometer lange, einen Kilometer breite und 100 Meter tiefe Ásbyrgi-Schlucht, die durch den von Norden hineinragenden Keil »Eyjan« die Form eines Hufeisens bekommt. Nach der Überlieferung soll sie durch einen Hufabdruck von Odins achtbeinigem Ross Sleipir entstanden sein. Geologen vermuten hingegen, dass es einst zwei dicht beieinanderliegende Wasserfälle gegeben haben muss, die sich durch Erosion der Fallkanten schließlich vereinigt haben, sodass nur der Keil in der Mitte übrig blieb. Im Umland der Schlucht wachsen zum Teil Birken und Weiden, in den Felswänden nisten Eissturmvögel und andere seltene Arten.

Kein Wasserfall strömt heute mehr über die steil abfallenden Kante des Ásbyrgi-Canyons. In einer zweitägigen Wanderung geht es zu Fuß von den Wasserfällen im Süden bis zu diesem grandiosen Landschaftspanorama.

Der Weg zur Ásbyrgi-Schlucht führt durch den teils dichten Nationalparkwald.

Bekassinen, Schnepfenvögel mit sehr langem Schnabel, fühlen sich im Schutzgebiet wohl.

Im Lauf der Jahrtausende schnitten die graubraunen Fluten der Jökulsá á Fjöllum einen trockenen Canyon ins Gestein, den Jökulsárgljúfur.

***** Selfoss** Mit dem zwölf Meter hohen Selfoss beginnt eine Serie von drei nahe beieinanderliegenden Wasserfällen der Jökulsá á Fjöllum. Während sein großer Bruder, der Dettifoss, weiter flussabwärts eher mit Wucht überzeugt, wirkt der Selfoss beschaulicher und lieblicher. Die Kante schließt sich wie ein Hufeisen um das fallende Wasser. In der Mitte scheint es, als ob die Fluten von einem Loch verschluckt würden – eine optische Täuschung. Der Wasserfall stürzt hier zwar nur zehn Meter in die Tiefe, ist aber immerhin 100 Meter breit. Die Wanderung hierher ist mühsamer, als sie zunächst wirkt, da sie über Stock und Stein führt. Aber die ursprüngliche Landschaft mit ihren kleinen Tümpeln am Wegesrand und den saftigen Wiesen ist den Abstecher allemal wert.

***** Dettifoss** Den Höhepunkt bildet der Dettifoss, der zwar nur 45 Meter hoch ist, aber über eine 100 Meter breite Stufe gischtend in die Tiefe stürzt. Vor allem die gewaltigen Mengen grauen Wassers, die in eine enge Schlucht fallen, machen ihn zu einem der beeindruckendsten Wasserfälle Europas. Er ist nur über eine Schotterpiste zu erreichen, die von der Ringstraße in Richtung Norden abzweigt und an der Ostseite der Schlucht entlangführt. Die Piste auf der Westseite ist nur für Allradfahrzeuge geeignet. Bevor sich das Wasser über die Felsenkante stürzt, zeigt sich ein Kaleidoskop dessen, was freigesetzt wird, wenn Wasser seinen Aggregatzustand verändert. Hier werden aus kleinen Rinnsälen plötzlich starke Ströme, die bis zum Atlantik Steine mit sich tragen. Auf mehr als 100 Metern Breite hat sich der Schleier des Dettifoss mächtig verdunkelt. 45 Meter tief fallen die Fluten. Mit seiner Wucht schnitzt der Dettifoss stetig eine neue Landschaft und verschiebt die Faltkante, über die er fällt, bis zu einem halben Meter jährlich.

***** Hafragilsfoss** Nördlich vom Dettifoss liegt der 27 Meter hohe Hafragilsfoss. Alle drei Wasserfälle sind durch einen markierten Wander-

Hólsfjöll

Manchen Landschaften sieht man geradezu an, mit welcher Macht die Winde über sie hinwegfegen und mit ihrem Elan wertvollen Mutterboden mit sich reißen. So ist die Gegend um Hólsfjöll einsam, weit und karg. Hier auf bis zu 400 Metern Höhe ist das Klima derart rau, dass die Landschaft nahezu unbesiedelt bleibt. Das isländische Institut für Wiederanpflanzung hat sich inzwischen der Gegend angenommen, um die Erosion zu stoppen. Besucher sind oftmals begeistert von der kargen Schönheit der niedrigen Tuff-Gebirgszüge. Der Landschaftszug ist geprägt von sehr sandigem Boden, an manchen Stellen sieht es aus, als hätte die Erosion breite Narben in die verkrustete Erdoberfläche gezogen. Umso erstaunlicher scheint es, dass das Land als gute Weidefläche für Schafe gilt, die hier im Sommer grasen.

Ungefähr zehn Meter hoch ist der Selfoss, der erste Wasserfall der Jökulsá á Fjöllum.

weg miteinander verbunden, der immer wieder spektakuläre Ausblicke bietet. Vom Ostufer aus ist der Blick am beeindruckendsten: Hier offenbart sich die ganze Kraft des Wasserfalls. Wer sich auf einen weiter oben gelegenen Aussichtspunkt begibt, sieht, wie weit das fallende Wasser die Umgebung mit einem feinen Tröpfchenregen benetzt.

Das Einzugsgebiet der Jökulsá umfasst rund 8000 Quadratkilometer. So erklären sich die 1500 Kubikmeter Wasser pro Sekunde, die im Sommer über den Dettifoss in die Tiefe stürzen.

Am Hafragilsfoss vereint sich der Fluss mit der Hafragil-Klamm.

Unterwegs in der Suður-Þingeyjarsýsla und Húsavík

»Europas Hauptstadt der Walbeobachtung« Húsavík ist auch das Verwaltungszentrum dieses Bezirks, des flächenmäßig größten von Island. Vom Vatnajökull reicht er bis zur Nordmeerbucht Skjálfandi und umfasst das vulkanische Hochland mit Askja und Krafla ebenso wie den idyllisch gelegenen »Mückensee« Mývatn, dessen Open-Air-Thermalbad Jarðböð Kultstatus genießt.

***** Askja** Am Nordrand des Vatnajökull im gleichnamigen Nationalpark liegt das Vulkanmassiv Dyngjufjöll, in dessen Mitte befindet sich die Askja, ein mehrere Hunderttausend Jahre alter Zentralvulkan, dessen höchsten Punkt der Þorvaldstindur bildet. In der nordischen Mythologie ist Askja synonym mit Asgard, der Heimat der Asen (Göttergeschlecht) und Sitz Odins. Der Vulkan besteht aus mehreren ineinander verschachtelten Calderen auf einer Fläche von rund 50 Quadratkilometern. Bei einem gewaltigen Ausbruch im Jahr 1875 entstanden der Öskjuvatn, der mit 220 Metern tiefste See Islands, und der ebenfalls mit Wasser gefüllte Víti-Krater. Vom Gipfel des Þorvaldstindur hat man den besten Überblick über den Öskjuvatn und den kleineren Víti-Krater an seinem Rand. Sein milchig grünes Wasser ist rund 20 Grad warm und riecht nach Schwefel, verleitet aber trotzdem viele zum Baden.

***** Herðubreið** Nicht weit vom Askja-Vulkan liegt Herðubreið, »die Breitschultrige«. Der Tafelvulkan gilt wegen seiner markanten Silhouette, die schon von Weitem inmitten der Wüste Ódáðahraun zu erkennen ist, als Königin der Berge Islands. Der fast perfekt ringförmige Bergfuß besitzt einen Umfang von etwa acht Kilometern, das Gipfelplateau überragt die umgebenden Lavafelder um rund 1000 Meter. Der höchste Gipfel ist nochmals 200 Meter höher als die Tafelfläche. Wegen der steilen und brüchigen Wände galt Herðubreið lange als unbezwingbar, erst 1908 gelang dem deutschen Geologen Hans Reck zusammen mit seinem isländischen Begleiter Sigurður Sumarliðason die Erstbesteigung.

**** Ódáðahraun** Westlich von Herðubreið erstreckt sich Islands größtes Lavafeld. Schwarze Steine bedecken den Boden, so weit das Auge reicht: Für manch einen Besucher mag diese Art der vegetationslosen Landschaft bedrückend wirken, andere hingegen schwärmen von den Kontrasten und der Klarheit. Das Ódáðahraun umfasst eine Fläche zwischen 4400 und 5600 Quadratkilometern. Forscher sind sich bis heute über die Größe uneinig. An vielen Stellen kann man den Lauf der Lava fast noch sehen, wenn sich die schwarze Schlacke wie ein eingefrorener Fluss über die Landschaft ergießt. Erdgeschichtlich gesehen ist das Gestein aus dem Babyalter noch nicht hinausgekommen, an manchen Stellen ist es erst 30 Jahre alt, an anderen 9000. Eindrucksvoll wird die Gegend bei Regen, denn das Wasser versickert erstaunlich schnell – einer der Gründe, warum hier kaum Pflanzen wachsen. Eine Wanderung zum Rand des Ódáðahraun lohnt sich. Dort tritt das Wasser in kleinen Quellen aus der Erde.

Im leuchtend ockerfarbenen Víti-Krater kommt, dem Schwefel sei Dank, das opalblaue Wasser besonders gut zur Geltung.

Die kugeligen Blüten der Engelwurz oder Arktischen Angelica leuchten vor der unverkennbaren Silhouette der Herðubreið.

Herðubreiðarlindir

Am Fuß des Tafelvulkans Herðubreið überrascht die Oase Herðubreiðarlindir mit üppigem Grün, das durch das hier an die Oberfläche tretende Regenwasser gedeiht. Hier kann man unter anderem die kugeligen Blüten der Engelwurz finden, die in Islands Wildnis überall vorkommen und deren Samen als leckerer Snack geschätzt werden. Die Oase hat aber auch ihre Schattenseiten: Hierher sollen sich früher Geächtete zurückgezogen haben, so auch Fjalla-Eyvindur (1714–1783), der wegen Diebstahls verurteilt wurde und mit seiner Frau in die Wildnis floh. 20 Jahre soll das Paar im Hochland gelebt haben. Die Geschichte inspirierte Jóhann Sigurjónsson (1880–1919) zu seinem Drama »Berg-Eyvind und sein Weib« (1911) und Victor Sjöström zu seinem gleichnamigen Stummfilm (1918).

*** Krafla** Der äußerst unruhige Zentralvulkan Krafla gehört zu einem rund 100 Kilometer langen Vulkansystem in der Mývatn-Region. Nachdem Krafla etwa 1000 Jahre ruhig war, gab es im 18. Jahrhundert eine ganze Ausbruchsserie, das sogenannte Mývatn-Feuer. Dabei entstand der nördlich gelegene Víti-Krater. Noch mehr als 100 Jahre danach kochte der Schlammtopf im Krater, heute gibt es am Grund einen grünen See. Als Nächstes öffnete sich die westlich gelegene Leirhnjúkur-Spalte, aus der große Magmamengen flossen. Die bis jetzt letzte aktive Phase, das sogenannte Krafla-Feuer, dauerte von 1975 bis 1984. Mitten in diesem unruhigen und von Erdbeben bedrohten Gebiet steht das Geothermalkraftwerk Kröfluvirkjun, das von Anfang an mit großen Schwierigkeiten zu kämpfen hatte: Erst lieferten die Bohrlöcher nicht genug heißen Dampf, dann zerstörten aggressive Dämpfe die Rohre.

In der Grjótagjá drehte man 2013 eine Szene für »Game of Thrones«.

**** Dimmuborgir** Hier also wohnen sie, Islands wohl berühmteste Bewohner – die Elfen und Trolle. Wer durch die verwunschene und mysteriöse Landschaft wandert, entdeckt in den Lavasäulen möglicherweise Türmchen, Burgen und andere fantastische Wohnstätten der Fabelwesen. Was so märchenhaft aussieht, hat für Geologen eine einfache Erklärung: Hier hatte sich vor 2300 Jahren ein Lavasee gebildet, dessen Kruste an vielen Stellen zusammengebrochen ist. An einigen aber ist sie erhalten geblieben, und ihre Fragmente sind bis heute zu sehen. Manche als Schlote mit einem Durchmesser von mehreren Metern, andere als Felsbogen mit einem fast kreisrunden Loch. Viele der Felsen sind zerbrechlicher, als sie anmuten, deswegen ist Klettern in dem einem Labyrinth gleichenden Lavafeld strengstens verboten.

***** Grjótagjá und Stóragjá Caves** Spätestens seit der Fernsehserie »Game of Thrones« ist die Grotte von Grjótagjá weltberühmt: Hier spielt eine Liebesszene zwischen Jon Snow und Ygritte. Das Wasser des unterirdischen Sees funkelt in einem Blau, das von besonderer Schönheit ist. So scheint es dem Besucher, wenn er die Höhle betritt. Und nicht nur das – sie war jahrelang ein beliebter Badeort, bis ihr Islands heißer Untergrund den Garaus machte und das Wasser auf über 60 °C anheizte. Heute ist die Temperatur mit etwa 44 °C noch immer sehr heiß, und so baden die Einheimischen lieber in der nahen Stóragjá-Grotte, deren Temperatur bei angenehmen 30 °C liegt. Sie ist kleiner und in einen Männer- und einen Frauensee unterteilt.

Einst strömte die Lava ins Tal und formte auf ihrem Weg auch die Ufer des Mývatn. Spuren solcher vulkanischer Aktivität finden sich überall rund um den Víti-See.

Námafjall und Hverarönd

Einige Kilometer östlich vom Mývatn führt die Ringstraße über die Passhöhe Námaskarð am 482 Meter hohen Námafjall (»Bergwerksberg«). Am Fuß des Berges befindet sich das Hochtemperaturgebiet Hverarönd mit Solfataren und Fumarolen. Die Ebene und die Bergflanke leuchten in allen Gelb-, Orange- und Brauntönen. An mehreren Stellen entweichen aus Spalten weiße Dampfwolken, manche bahnen sich mit lautem Zischen und Fauchen ihren Weg an die Oberfläche. In heißen Schlammtöpfen blubbert und brodelt eine graue Masse, und über allem liegt ein Geruch von faulen Eiern. Vom Solfatarenfeld führt ein schmaler, steiler Pfad auf den Berg Námafjall. Aus der Vogelperspektive bietet sich ein grandioser Blick über diese surreale Landschaft, die auch auf dem Mars liegen könnte.

Idyllisch wirkt der Mývatn von jedem seiner Ufer aus.

Auch Kragenenten fühlen sich im See wohl.

Mývatn Nature Baths – das Thermalbad Jarðböð

Blaues Wasser in einer schwarzen Lavalandschaft – ein Postkartenmotiv aus Island, wie es typischer nicht sein könnte. Das Thermalbad Jarðböð zählt zur isländischen Badekultur. Es war bereits in den 1950er-Jahren in Betrieb, wurde aber 20 Jahre später wieder geschlossen. Seit 2004 erstrahlt es in neuem Glanz. Wie bei der berühmten Blauen Lagune strömt das Thermalwasser auch hier in einen 5000 Quadratmeter großen künstlichen See aus Natursteinen. Das Wasser hält konstant seine Temperatur von 40 °C und bietet selbst bei Schnee einen Platz zum Aufwärmen. Seinem mineralienreichen Wasser werden Heilkräfte für die Haut und den Bewegungsapparat nachgesagt. Für Komfort sorgen Duschen und ein gut ausgestatteter Sanitärbereich am Ufer.

*** **Mývatn** Mehrere Vulkanausbrüche und ein Lavastrom, der einen Fluss im Laxárdalur blockierte, führten zur Entstehung des Mývatn. Der viertgrößte See Islands besitzt eine maximale Tiefe von vier Metern, im Durchschnitt ist er nur zwei Meter tief. Er gilt als sonnigster Platz der Insel, die umliegenden Berge halten die kalten Nordwinde ab und warme Quellen am Grund lassen den See im Winter nicht komplett zufrieren. Inseln, Buchten und Landzungen gliedern die Wasserfläche, an den Ufern wächst sattgrünes Gras. Mehrere Bauernhöfe

rund um den See nutzen die Wiesen und den fruchtbaren Boden zur Schaf- und Pferdezucht. Auf dem grün und blau schimmernden Wasser tummeln sich Singschwäne und viele verschiedene Entenarten. Das scheinbare Paradies hat allerdings – zumindest zeitweise – einen Nachteil: die Mückenschwärme, die dem Mývatn den Namen »Mückensee« gaben.

Die sogenannten Pseudokrater von Skútustaðir am Mývatn entstanden vor 3500 Jahren.

**** Pseudokrater von Skútustaðir** Manches, was in Island aussieht wie ein Krater, ist gar keiner. Pseudokrater nennt sich das Phänomen, das auch in Skútustaðir auftritt. Als vor 3500 Jahren Lavaströme über den Boden dieser Region flossen, ergossen sie sich mitunter auch über Moore oder Seen und bedeckten die Gewässer mit ihrer Schlacke. Das Wasser konnte nicht entweichen, dehnte sich aber durch die Hitze sehr aus, so dass es schließlich unter der Lavadecke explodierte. Auf diese Weise entstanden die vielen Pseudokrater in Skútustaðir.

*** Enten des Mývatn** Mücken können eine Plage sein – und ein ganz großer Segen. Gäbe es diese Stechtierchen am Mývatn nicht in Hülle und Fülle und würden sie vor allem nicht so ideale Brutbedingungen vorfinden, würde auch das Tierleben am und im See nicht so reichhaltig sein. Die Mückenlarven dienen Fischen und Vögeln als Nahrung. Und so kommt es, dass neben vielen anderen Vogelarten hier auch fast alle auf Island zu findenden Entenarten vorkommen. Vogelfreunde treffen sich zum Bird Watching vor allem im Mai und Juni.

Mývatn

Die Ufer des Mývatn sind meist dicht bewachsen, Boote sind hier eher ein seltener Anblick. Viele Besucher kommen hierher, um den vulkanischen Spuren auf den Grund zu gehen. Das gesamte Gebiet ist nämlich noch immer aktiv. Rund um den See gibt es außerdem jede Menge zu entdecken: Krater, Pseudokrater, heiße Quellen, Lavafelder und Höhlen.

**** Aldeyjarfoss** Als wären sie mit einer Wasserwaage gezogen, so rechtwinklig steil ragen die Basaltsäulen hier in den Himmel des isländischen Hochlands. Sie sind mehr als 4500 Jahre alt. Die eckige Säulenmauer ist Teil des Lavafeldes Suðurárhraun und bietet mit ihrer nahezu schwarzen Färbung einen perfekten Kontrast zu dem weiß schäumenden Wasser, das hier 20 Meter in die Tiefe tost: Der Aldeyjarfoss zählt zwar nicht zu den Superlativen der Wasserfälle mit seinen Ausmaßen, aber er ist in jedem Fall einen Abstecher wert. Der Fluss Skjálfandafljót trägt viel Gletscherwasser in sich, nur so lässt sich die tiefblaue Farbe erklären, in der das Wasser jenseits der Gischt schillert. Bevor es in die Tiefe geht, verengt sich der Fluss noch ein wenig, was den Fall spektakulärer und auch lauter macht. Ein großer Kontrast zu der ansonsten so lebensfeindlich scheinenden Umgebung.

***** Goðafoss** Ziemlich genau in der Mitte zwischen der zweitgrößten Stadt Islands, Akureyri, und dem Mývatn liegt der Wasserfall Goðafoss in Sichtweite der Ringstraße. Wer hier die Sprengisandur-Piste, eine der schwierigsten Hochlanddurchquerungen, in Angriff nimmt, kommt direkt am Wasserfall vorbei. Obwohl der Goðafoss nur eine Fallhöhe von zwölf Metern aufweisen kann, beeindruckt er doch ungemein, da seine Wassermassen breit gefächert

Æðarfossar, »Eiderentenfälle«, heißt der letzte Wasserfall der Laxá í Aðaldal, weshalb das reiche Vorkommen vieler Entenarten nicht verwundert.

Beeindruckend wirkt er aus der Ferne, doch ein Fußweg macht den Goðafoss auch von oben bequem zugänglich.

in eine Schlucht stürzen. Seinen Namen soll der »Götterwasserfall« im Jahr 1000 erhalten haben, als in Island friedlich das Christentum als Staatsreligion eingeführt wurde. Angeblich hatte der Gode Þorgeir auf der Alþingiversammlung als Gesetzessprecher für das Christentum gestimmt und danach seine Götterbilder in diesen Wasserfall werfen lassen. In der Domkirche von Akureyri erinnert ein Fensterbild an den Goden und seine Götterbilder.

*** Laxá í Aðaldal** Wenn ein Fluss in Island den Namen Laxá trägt, dann wissen Angler, dass sich in ihm Lachse tummeln und sie auf einen guten Fang hoffen können. Die Laxá í Aðaldal ist ein Abfluss des Sees Mývatn, der südlich von Húsavík in die Skjálfandi-Bucht mündet und seinen Namen zu Recht trägt. Über mehrere Wasserfälle, die mittlerweile am Unterlauf von drei Kraftwerken zur Stromerzeugung genutzt werden, ergießt sich die Laxá ins Laxárdalur und schließlich ins Meer. Der Unterlauf ist ideal, um Lachse zu angeln, denn die Fische schaffen es bis zu den Brúarfossar, ungefähr auf halbem Weg zum Mývatn. In den letzten 30 Jahren wurden fast jedes Jahr mehr als tausend der Edelfische gefangen, wobei es sich meistens um wirklich beeindruckende Exemplare gehandelt hat. Der Oberlauf ist dagegen ein einzigartiges Bachforellengewässer – und eine ziemliche Herausforderung, selbst für geübte Fliegenfischer.

Das ruhige Fließen im Unterlauf der Laxá í Aðaldal bildet ein Paradies für Fliegenfischer.

Einen tollen Kontrast bildet das blau-weiße Wasser des Aldeyjarfoss mit den dunklen Basatfelsen.

Häuschen und Hafen fast wie aus der Puppenstube: Húsavík erstreckt sich malerisch an den Ufern seiner Bucht.

Wanderungen auf den Hügel oberhalb des Ortes lohnen sich: Steht man dort inmitten von Lupinen, hat man den besten Blick auf den Fjord.

Walmuseum in Húsavík

Eigentlich war es einmal ein Schlachthaus, doch als das große Gebäude leer stand und sich zur gleichen Zeit die Walbeobachtung in der Bucht zu einem wichtigen Wirtschaftszweig entwickelte, entschloss sich eine private Initiative, ihr gerade gegründetes Informationszentrum an dieser Stelle zu einem Museum zu machen. 2002 wurde das Walmuseum eröffnet. Hier erfahren Besucher viel über die Anatomie und Lebensweise der Großsäuger, lernen, die verschiedenen Arten zu unterscheiden und ihre Lebensweise kennen. Auch einheimische Kinder erfahren in Spezialprogrammen viel über die Meeressäuger, zudem gibt es ein großes Volunteer-Programm. Dokumentation und Forschung werden betrieben; Sichtungen der Walbeobachtungstouren, die vom Hafen von Húsavik starten, werden gesammelt und ausgewertet.

**** Húsavík** Húsavík liegt an einer sanft geschwungenen Bucht mit dunklem Sandstrand, die Teil der großen Skjálfandi-Bucht ist. Im Jahr 870 verbrachte der schwedische Wikinger Garðar Svavarsson hier unfreiwillig einen Winter und gab Húsavík (»Hausbucht«) bei dieser Gelegenheit den Namen. Im nächsten Frühjahr brach er wieder auf und nannte die bis dahin namenlose Insel Garðarshólmi (»Garðars Insel«). Bei seiner Abreise ließ er einen seiner Männer zurück, Náttfari. Nach diesem ist die Bucht Náttfaravík am Westufer der Skjálfandi-Bucht benannt. In dem alten Handelszentrum Húsavík, das lange als Exporthafen für Schwefel aus dem Mývatn-Gebiet diente, leben heute 2500 Menschen. Sehenswert sind der Hafen, das Regionalmuseum Safnahúsið und die 1907 geweihte Kirche. Nördlich bietet der 417 Meter hohe Húsavikurfjall eine schöne Aussicht auf die Bucht und umliegende Berge.

**** Skjálfandi** »Die Zitternde« – übersetzt man den Namen der Bucht, verrät er schon viel über die Aktivitäten, die hier der nimmermüde Untergrund Islands oftmals zusammenbraut. Der Mittelatlantische Rücken verläuft direkt durch die Bucht und sorgt immer wieder für leichte Erdbeben. Sie geschehen häufig unbemerkt, da sie für Menschen kaum wahrnehmbar sind. Es ist eine Landschaft der Kontraste. Während sich im Westen das Víkurfjöll-Gebirge auftürmt und oft mit seinen schneebedeckten Gipfeln das Panorama bereichert, ist der Osten flach und weit. Wichtigster Ort der Bucht ist Húsavík; er gilt in dieser Region als Zentrum der Walbeobachtung. Aus den Bergen bringen zwei Flüsse Quellwasser ins Meer: die Laxá í Aðaldal sowie das Skjálfandafljót. Die beiden Inseln Flatey liegen vorgelagert, Lundey ist für seine große Papageitaucherkolonie bekannt.

*** Skjálfandafljót** Europas größter Gletscher, der Vatnajökull, bringt auch den viertlängsten Fluss Islands hervor: Das Skjálfandafljót hat hier seinen Ursprung. Übersetzt bedeutet sein Name »Zitternder Strom« und lässt eine Verwandtschaft mit der »Zitterbucht« Skjálfandi erkennen, die ihren Namen ebenfalls aufgrund der tektonischen Aktivitäten trägt. Das Skjálfandafljót ist etwa 180 Kilometer lang. Sein Wasser wird nicht nur vom Vatnajökull-Gletscherfeld gespeist, auch die Abflüsse des Eisfeldes Tungnafellsjökull münden in ihn. Das Skjálfandafljót nimmt seinen Verlauf durch Lavafelder, vereint sich dort mit den hervortretenden Quellen und sorgt mitunter für spektakuläre Wasserfälle wie etwa den Aldeyjarfoss oder den Goðafoss. Der Fluss ist auch ein Rafting-Dorado. Für Ornithologen und Vogelfreunde interessant ist sein Oberlauf, an dem sich Goldregenpfeifer, Kragenenten oder Falken Brutplätze gesucht haben.

Whale Watching

»Hauptstadt der Walbeobachtung Europas« nennt sich der kleine Ort Húsavík im Norden Islands – zu Recht, denn nirgendwo sind die Chancen besser, die großen Meeressäuger zu sehen. Die Veranstalter der Walsafaris werben damit, dass 99 Prozent der Teilnehmer mindestens einen Wal sichten. Den Erfolg garantieren neben den tadellos restaurierten Eichenholzbooten, die wegen ihrer leisen Maschinen ideal zur Walbeob-

achtung sind, der Kapitän und die Mannschaft, die genau wissen, wo sich die Wale aufhalten. Im Sommer herrschen in der Bucht ideale Bedingungen – so konnten schon zwölf verschiedene Walarten gesichtet werden, darunter Zwerg-, Buckel-, Pott-, Schweins- und Finnwale. Mit etwas Glück bekommt man sogar einen der riesigen Blauwale zu Gesicht. Die hohe Erfolgsquote hat sich herumgesprochen, und so machen sich jedes Jahr rund 100 000 Besucher hierher auf den Weg. 1995 gründete eine einheimische Familie das erste Unternehmen zur Walbeobachtung, zwei Jahre später wurde das Walzentrum eröffnet. Seit 2002 gibt es im ehemaligen Schlachthaus ein Walmuseum mit fundierten wissenschaftlichen Informationen zu jeder Walart. Ein Höhepunkt sind die Walskelette – erst sie vermitteln einen realistischen Eindruck von der Größe der Meeressäuger.

Unterwegs in und um Akureyri und Siglufjörður

Erstaunlich mild kann es in der Metropole des Nordens sein – so mild, dass Akureyri sogar einen Botanischen Garten hat. Islands zweitgrößte Stadt verfügt zudem über ein attraktives Kulturangebot und ist idealer Ausgangspunkt zu vielen weiteren Sehenswürdigkeiten des Nordens. Weit vor der Küste liegt die Insel Grímsey, der einzige bewohnte Ort Islands direkt auf dem Polarkreis.

Die Akureyrarkirkja thront auf einem Hügel über Akureyri, dem Kultur- und Wirtschaftszentrum des Nordens.

***** Akureyri** Akureyri, am Ufer des weit ins Land reichenden Eyjafjörður und nur 50 Kilometer südlich des nördlichen Polarkreises, ist die zweitgrößte Stadt Islands. Den heutigen Namen erhielt die Stadt wegen der sandigen Landzunge, die weit in den Fjord ragt. Auf einem Hügel erhebt sich weithin sichtbar das Wahrzeichen, die moderne Akureyrarkirkja. Den schlichten Betonbau entwarf, ebenso wie die Hallgrímskirche in Reykjavík, der Staatsarchitekt Guðjón Samúelsson (1887–1950). Ebenfalls auf einer Anhöhe über dem Fjord liegt der Botanische Garten, in dem dank des milden, sonnigen Klimas nicht nur einheimische, sondern auch viele ausländische Pflanzenarten gedeihen. Im alten Ortskern gibt es noch einige liebevoll gepflegte Holzhäuser, sehenswert sind das Kunstmuseum und das im Jahr 1850 erbaute Nonnahús, in dem der berühmteste Bürger Akureyris, der Schriftsteller Jón Sveinsson (1857–1944), aufgewachsen ist.

*** Akureyrarkirkja** Steil aufragend wie Raketen – das ist der Charakter vieler Bauwerke des einstigen Staatsarchitekten Guðjón Samúelsson. Und auch Akureyri hat er mit einem sehr modernen Gebäude versehen, der Kirche des Ortes. Sie wurde 1940 geweiht und thront auf einem Hügel. Innen sorgen hübsche Reliefs für Atmosphäre. Eine Besonderheit ist das mehr als 400 Jahre alte Glasfenster, das aus der englischen Kathedrale von Coventry stammt.

*** Péturskirkja** Ganz in der Nähe der modernen Akureyrarkirkja befindet sich die in weißer und roter Farbe gestrichene Péturskirkja, eine kleine katholische Holzkirche. Verglichen mit dem evangelischen Schwestergebäude strahlt sie eher niedliche Dorfatmosphäre aus.

*** HOF Cultural and Conference Center** Ein rundes Gebäude, das wie ein futuristisch anmutender Komplex mitten in der Stadt steht, kann nur ein Kongresszentrum sein. Der Bau stammt aus dem Jahr 2010 und hat sich schnell zum beliebten Ort für Konzerte und Tanz entwickelt.

**** Kunstmuseum Akureyri** Der Bauhausstil hat auch Island erreicht – ein deutliches Zeichen ist das Kunstmuseum. Es ist untergebracht in einer ehemaligen Molkerei und zählt mit seinen wechselnden Ausstelllungen zeitgenössischer Künstler zu den Kulturhotspots des Landes.

***** Botanischer Garten – Lystigarður Akureyrar** Welche Sträucher und Bäume können nur 50 Kilometer südlich des Polarkreises wachsen? Der Botanische Garten von Akureyri gibt Antworten auf diese Fragen. Entstanden ist er im Jahr 1910 als private Verschönerungsmaßnahme von Einwohnerinnen. Heute sind dort rund 7000 Arten zu finden, darunter natürlich auch viele isländische Gewächse.

*** Kjarnaskógur** Ein gelungenes Beispiel für Wiederaufforstung ist dieser Wald im Süden von Akureyri. In den 1950er-Jahren begannen die Isländer hier mit den ersten Anpflanzungen von Birken und Lärchen, mit dem Ziel, ein neues Naherholungsgebiet um die viertgrößte Stadt ihrer Insel zu errichten. Mehr als 60 Jahre später ist daraus ein zwei Kilometer langer Waldstreifen geworden, in dem sich die Isländer am Wochenende zum Grillen, Wandern oder zum Austoben mit ihren Kindern treffen. Sieben Kilometer misst das Wanderwegnetz, Spielplätze und Volleyballfelder sorgen für Spaß am Wegesrand. Mountainbiker zieht es eher auf die Strecken jenseits der Wege. Im Frühling allerdings besser nicht, dann blühen hier wilde Primeln und Atlantische Hasenglöckchen. Im Winter sind Loipen gespurt, und Klein wie Groß hat Spaß auf den Langlaufmöglichkeiten oder auf dem Schlitten.

***** Grundarkirkja** Schon im Jahr 1108 wurde eine Kirche in Grund urkundlich erwähnt. Doch damals wird sie wohl aus traditionellen Materialien wie Torfziegeln und Holz errichtet worden sein. Heute steht an dieser Stelle eines der bemerkenswertesten Gotteshäuser Islands und wohl auch das am üppigsten ausgestattete: Grundarkirkja ist die größte Kirche des Landes, die ein Privatmann finanzierte. Der Landwirt Magnús Sigurðsson ließ sie 1905 errichten und gestaltete viele der Handwerksarbeiten selbst. Der geschwungene Turm mit der roten Kappe ist kennzeichnend für den Bau.

Wintersport

Wintersport in Island hat einen Namen: Hlíðarfjall. 24 markierte Routen für Snowboard- und Skifahrer gibt es und sieben Lifte, Langläufer finden gut präparierte Loipen vor. Obwohl es Islands beliebtestes Wintersportgebiet ist, gibt es oftmals Plätze, an denen man glaubt, ganz allein in der glitzernden Winterlandschaft zu sein, auf dem so weichen Schnee die mächtigen Gesteinsbrocken zu umfahren oder gen Fjord zu preschen. Und wieder einmal beweisen die Isländer, dass sie feiern können, wenn Ende Februar, Anfang März die Iceland Wintergames stattfinden. Es stobt der Schnee, wenn die Schlittenhunde ihre Musher durch das Weiß ziehen und die Gespanne sich messen, welches das schnellste ist. Snowboarder und Skiläufer in ihren bunten Anzügen bereichern das Bild, Schneemobile pesen über die Pisten.

»Perle des Nordens« wird Akureyri mit seinen historischen Holzhäusern auch genannt.

Die Kirche von Grund wurde 1905 erbaut.

Museumshof Laufás

Nicht überall werden Häuser aus Stein gebaut: Im äußersten Norden waren Torfziegel und Grassoden hoch im Kurs. Wie das einst ausgesehen hat und ob der Wind durch die Ritzen zieht, können Besucher im Museumshof Laufás erkunden. Er stammt aus dem anfänglichen 19. Jahrhundert und wurde vom Dorfpfarrer sowie seinen Bediensteten und den Landwirten als Wohnsitz genutzt. Immer wieder haben die Isländer kleine Häuschen hinzugefügt, die aussehen, wie Kinder sich Häuser vorstellen: Zwei Fenster, in der Mitte eine Tür und ein Fenster im ersten Stock. Die Gebäude sind mit Gängen verbunden. Im Inneren sieht es aus, als wäre der Besitzer nur mal eben einkaufen gegangen. Geschirr, Möbel und Werkzeug sind Zeitdokumente des damaligen Lebens, ebenso eine alte Schmiede und die Kirche.

***** Eyjafjörður** Der längste Fjord Islands hat beeindruckende Ausmaße: 60 Kilometer Länge und bis zu 24 Kilometer Breite. Da vergisst man gerne mal, dass man an einem Fjord steht und nicht am offenen Meer. Schiffe, die hier einlaufen, müssen vorsichtig navigieren, denn es gibt zwei Untiefen, etwa in Höhe des Museums Laufás. Im Meer lockt die Insel Hrísey zu einem Ausflug. Jenseits dessen lohnen sich aber auch Touren entlang des Ufers des Eyjafjörður, der teilweise von mehr als 1000 Meter hohen Bergen begrenzt wird. Nicht nur über der Erde, sondern auch in den Tiefen des Meeres ist die Gegend interessant, denn in der Nähe des Víkurskarð-Passes wurden weiße Raucher, hydrothermale Quellen, in der Tiefsee entdeckt; heute ein beliebtes Ziel für Tauchausflüge.

*** Hrísey** In der breiten Mündung des Eyjafjörður gelegen, war die Insel im 19. Jahrhundert wichtiger Ausgangspunkt für die Haifischjagd, später konzentrierte man sich auf die Verarbeitung von Heringen. Heute ist die 200 Einwohner starke Insel ein perfektes Ziel zur

Auf Hrísey scheinen die herbstlichen Wiesen zu glühen.

Vogelbeobachtung. Vor allem für das Schneehühneraufkommen ist das Eiland bekannt. Wer es etwas geselliger mag, der bucht eine Brauereibesichtigung mit Verkostung des örtlichen Biers. Rustikal wird es bei einer Traktortour, ganz entschleunigt und auf den Spuren des bäuerlichen Lebens. Über die Geschichte des Haifangs klärt ein Museum auf, ebenso wie die Werkstatt der Designerin Alda Halldórsdóttir zu besichtigen ist. Für sportliche Abwechslung sorgt das geothermale Schwimmbad.

***** Grímsey** Mitten im Nordmeer gelegen, ist dies nicht nur der einzige Platz Islands, an dem die Mitternachtssonne zu sehen ist, die Insel liegt auch noch direkt auf dem Polarkreis. Aus der Luft betrachtet, sieht sie aus wie mit grünem Flaum bedeckt, kein Wald und kein Strauch wachsen hier. Gesäumt ist sie von schroffen, teils 100 Meter hohen Basaltklippen. Da die Vogelwelt so empfindlich ist, gehört Grímsey zu einem der wenigen Orte dieser Welt, an dem es noch keine Hunde oder Katzen gibt. So scheint das Überleben der mehr als 35 Vogelarten gesichert.

***** Siglufjörður** Der Ort liegt an der unwirtlichen Küste im Norden der Halbinsel Tröllaskagi. Bis zum Bau des ersten isländischen Tunnels 1967 war er praktisch nicht auf dem Landweg zu erreichen. Um 1900 machte der Heringsboom aus dem kleinen Dorf die fünftgrößte Stadt des Landes. In mehr als 20 Fangstationen wurde Hering gesalzen und in Tausende Fässer eingelegt. Was sich nicht zum Salzen eignete, wurde in Siedereien zu Tran und Mehl verarbeitet. Doch schon 1969 war das Meer um Siglufjörður leer gefischt, fast alle Fabriken mussten schließen, und der Ort musste neue Erwerbsquellen erschließen. An die große Zeit der Heringsfischerei erinnern heute das alljährliche Stadtfest sowie das mehrfach ausgezeichnete Museum Síldarminjasafnið, das in einer der ehemaligen Heringsstationen untergebracht ist. Heute lebt Siglufjörður in erster Linie von der Fischmehlproduktion und Krabbenverarbeitung.

Das Abendrot zaubert eine märchenhafte Stimmung über die einsamen Häuschen am Ufer des Eyjafjörður.

Hölzerne Heringsfässer erinnern in Siglufjörður an die Hochzeiten des Fischfangs.

Norðurland vestra

Polarlichter, tief eingeschnittene Buchten und einsame Halbinseln kennzeichnen das »westliche Nordland«. Für Wanderer im Sommer ist dies ein ideales Terrain, das weite Blicke über Flusstäler und Fjorde eröffnet. Die Menschen hier betreiben vor allem Schaf- und Pferdezucht – ihre Herden weiden während der warmen Jahreszeit frei und werden jeden Herbst in einem von Festen begleiteten Abtrieb zu Tal gebracht. Bild: Nordlichter tanzen um den Basaltfelsen Hvítserkur.

Unterwegs in der Skagafjarðarsýsla

Einen ehemaligen Bischofssitz würde man in dieser Gegend nicht unbedingt vermuten, doch wer nach Hólar kommt, findet dort nicht nur eine stattliche Steinkirche vor, sondern auch eine aus der alten Kathedralschule hervorgegangene Hochschule. Ansonsten ist die Gegend, insbesondere die Halbinseln Tröllaskagi und Skagi, berühmt für ihre Islandponys, die hier in großen Herden leben.

Der Lagunensee Miklavatn (links im Bild) ist nur durch eine schmale Landzunge vom Meer (rechts) getrennt.

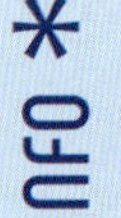

NORÐURLAND VESTRA

Verwaltungszentrum:
Sauðárkrókur (Gemeinde Skagafjörður)

Fläche:
12 592 km²

Bevölkerung:
8581

Bevölkerungsdichte:
0,681 Einwohner/km²

Nördwestlich von Siglufjörður steht der einsame Sauðanes-Leuchtturm an einer Landspitze.

Solch beeindruckende Aussichten erhält man am Lágheiði-Pass auf der Tröllaskagi-Halbinsel.

**** Tröllaskagi** Schattige Berghänge sind nicht die besten Voraussetzungen, um sich den Lebensunterhalt zu verdingen. Hier wächst alles langsamer und zäher und offensichtlich war es vielen Bauern zu mühselig, sich hier weiter abzuplagen. Sie haben ihre Höfe verlassen und sind in die glücksverheißenden Städte gezogen. Deswegen findet der Besucher heute zahlreiche einsame, halb verfallene Höfe in der Gegend um Tröllaskagi vor. Die Region eignet sich perfekt zum Wandern, die Berge hier sind bis zu 1500 Meter hoch, zwischen den Hängen formen sich idyllisch enge Täler. Die Touristeninformationszentren halten zahlreiche Karten der Umgebung vor, wenn man auch außerhalb der markierten Wanderwege unterwegs sein will. Die »Troll-Halbinsel«, so die Übersetzung von Tröllaskagi, liegt zwischen den Fjorden Eyjafjörður und Skagafjörður. Geschichtlich Interessierte halten auf ihren Wanderungen Ausschau nach Hinweisen auf alte Landnahmekämpfe, denn im 13. Jahrhundert war Tröllaskagi Schauplatz vieler Schlachten.

13 Jólasveinar

Wenn kräftige Kerle mit Mänteln und weißen Bärten im Dezember durch den Schnee stapfen, können es nur Weihnachtsmänner sein, oder? Aber gleich 13 Stück? In Island sind es keine herkömmlichen Weihnachtsmänner, sondern Trolle und Kobolde – und gnädig sind sie schon gar nicht. Eher vorwitzig und ruppig, darauf lassen Namen wie Wurstdieb, Fensterglotzer, Türknaller oder Türschlitzschnüffler schließen. Sie machen sich nacheinander vom 12. Dezember aus den Bergen auf zu den Menschen und sollen der Sage nach Kinder der Trollfrau Grýla sein, die die unartigen und faulen Kinder fressen soll. Die fleißigen hingegen bekommen Gaben. Und so stellen Islands Kinder bis Heiligabend jeden Tag einen Schuh ans Fenster und hoffen, morgens ein Geschenk darin zu finden.

Pferdeabtrieb – Laufskálarétt

Kaum eine Region Islands ist derart mit der Pferdezucht verbunden wie die Menschen um Tröllaskagi. Hier leben Hunderte von Islandponys und grasen im Sommer friedlich auf den kräuterreichen Hochweiden. Doch das Klima ist rau und ab Anfang September überzieht eine weiße Puderschicht aus Schnee die Gipfel. Zeit, die Pferde ins sichere und nahrungsreiche Tal zu treiben. Laufskálarétt ist Islands vielleicht beliebtester Vieh-

abtrieb. Dann reiten die Pferdebesitzer in die Berge, manchmal auch begleitet von reitfreudigen Touristen, und treiben ihre Tiere talwärts. Es ist ein einmaliger Moment, wenn das Getrappel von 24 000 Hufen ertönt und die Tiere in einer großen Herde ins Tal galoppieren. Stur wie sie sind, wollen die Ponys sich ihre sommerliche Freiheit nicht so leicht nehmen lassen, und so kommt es teilweise zu spektakulären Kämpfen mit den Reitern, um die Isländer in die verschiedenen Pferdescheiden der Höfe zu trennen. Sind sie aber erst in ihren großen Boxen angekommen, lassen sie sich nicht aus der Ruhe bringen und naschen gleich wieder an Gras oder Brot. Begleitet wird das Spektakel von Musik- und Tanzvorführungen sowie einem reichen kulinarischen Angebot. Etwa 80 000 der robusten Ponys leben auf Island, bekanntester Pferdeabtriebort ist Svaðastöðum.

***** Hólar** Wo sich Bischöfe niederließen, entstand auch immer ein Ort des Wissens und der Schulen, so war es auch in Hólar. Es wurde Anfang des 12. Jahrhundert als katholisches Bistum gegründet und während der Reformation 1550 evangelisch-lutherisch. Geblieben ist nicht nur die rot-weiße Domkirche, die ihres Zeichens die älteste Steinkirche des Landes ist, sondern auch eine Universität, die aus der Lateinschule der Kirche hervorgegangen ist. Studiert wird hier, ganz islandtypisch, Meeresbiologie, Tourismus oder auch Pferdekunde. Wo Studenten sind, ist auch das leichte Leben nicht weit, und so nimmt es kein Wunder, dass Hólar auch über ein eigenes Bierzentrum verfügt, übrigens eine der sieben Brauereien des Landes. Sehenswert ist zudem das kulturhistorische Institut des Islandpferdes vor Ort. Filme und Dokumente informieren über das Pferd mit den besonderen Gangarten.

***** Víðimýri** Wären nicht die Kreuze auf dem Giebel, könnte man dieses Haus auch für einen ganz normalen Wohnbau halten. Doch es handelt sich hier um die Víðimýrarkirkja, eine der ältesten und am besten erhaltenen Torfkirchen des Landes. Sie stammt aus dem Jahr 1834, die Seiten sind mit Torfziegeln verbaut, während die Giebel mit Holz verkleidet sind und das Dach von Grassoden bewachsen ist. Die schlichte Innenausstattung lohnt auf jeden Fall einen Blick ebenso wie der Friedhof mit den weißen Holzkreuzen.

***** Sauðárkrókur: Gestastofa Sútarans** Leder, Portemonnaies oder Schuhe müs-

Hofsós an der Ostküste des Skagafjörður besticht mit einem Außenpool direkt am Meer.

Víðimýri ist für seine schwarze Torfkirche (1834) bekannt.

Skagi-Halbinsel

Mit rund 2600 Einwohnern in schöner Lage zwischen Fjord und einem weiten grünen Tal ist Sauðárkrókur der größte Ort der Skagi-Halbinsel. Auch Skagaströnd im Westen lohnt einen Abstecher. Erreichen kann man die Halbinsel nur über die Ringstraße. Während das Inselinnere eher flach ist, gibt es im südlichen Teil Erhebungen von bis zu 750 Metern. Das im Süden gelegene Sauðárkrókur gilt landesweit als Mekka der Pferdezüchter. In der letzten Zeit können sich auch immer mehr Touristen von den Qualitäten der kleinen, stämmigen Islandpferde überzeugen, denn mehrere Höfe auf Skagi haben sich auf Reiturlaub spezialisiert und bieten vom Tagesausflug bis zur Hochlanddurchquerung für jeden Pferdeliebhaber das Passende. Auch Wanderer kommen hier voll auf ihre Kosten.

sen nicht immer aus Schweins- oder Rindsleder sein. In Island setzt man traditionell auf Fischleder. In Sauðárkrókur befindet sich die wohl einzige Gerberei Europas, die sich auf Fischleder spezialisiert hat. Das Portfolio der Gerberei ist beeindruckend, in vielen frischen Farben sind die Häute von Lachs, Kabeljau oder Seewolf eingefärbt.

Der ehemalige Bischofssitz Hólar mit der Domkirche.

Insel Drangey

Auf der Insel Drangey, einem 180 Meter hohen Tuffsteinfelsen vor der Ostküste der Halbinsel im Skagafjörður, lebte um das Jahr 1030 Grettir der Starke, ein legendärer Gesetzloser. Für die Menschen von Sauðárkrókur war der Felsen, auf dem bis zu einer Million Seevögel brüten, immer so etwas wie eine gut gefüllte Speisekammer vor der Haustür. Auf dem Grasplateau weideten derweil Schafe.

Raues Klima, hartes Leben – Freilichtmuseum Glaumbær

Glaumbær ist ein altes Kirchdorf in der Gemeinde Skagafjörður. Das Gehöft wurde im 11. Jahrhundert von Thorfinn Karlefsni und Guðriður Þorbjarnsdóttir gegründet, als sie von ihrer Erkundungsfahrt ins neufundländische Vinland zurückkamen. Die ältesten Teile des heutigen Museumshofes Glaumbær stammen vom Ende des 18. Jahrhunderts, es ist einer der besterhaltenen Höfe in der für Island früher typischen Torfbau-

weise. Holz war in Island stets ein wertvoller Rohstoff, deshalb wurde es beim Hausbau nur für tragende Teile verwendet, zur Wärmedämmung dienten dicke Schichten von Torfrasen. Aus statischen Gründen durften diese Häuser nicht sehr groß sein, deshalb errichtete man mehrere Gebäude dicht nebeneinander und verband sie mit einem langen Gang. In Glaumbær verbindet ein rund 20 Meter langer Korridor neun Häuser.

Wegen der Größe des Gehöfts sowie der mit Holz verkleideten Vorderfront muss es sich damals um einen wohlhabenden Hof gehandelt haben. Das Wohnzimmer, die Baðstofa, liegt am Ende des Korridors. Hier arbeiteten, aßen und schliefen der Bauer, seine Familie und die Landarbeiter. Es gibt elf Betten, in denen man früher zu zweit schlief. Tagsüber saßen alle – zumindest im Winter – auf den Betten der Baðstofa und arbeiteten.

Unterwegs in der Austur- und Vestur-Húnavatnssýsla

Als letzter »Finger des Nordens« gilt die Halbinsel Vatnsnes. Auf einer schmalen Straße kann man sie umrunden und dabei nach Seehunden Ausschau halten, die gern auf Felsen in Strandnähe in der Sonne dösen. Wer mehr über sie erfahren möchte, sollte in Hvammstangi das isländische Seehundzentrum besuchen. Im Süden des Bezirks fasziniert das Geothermalgebiet Hveravellir am Rand des Langjökull.

Weit spannt sich ein Regenbogen über die »blaue Quelle« Bláhver. Im Hintergund erkennt man einen dampfenden Sinterkegel.

***** Hveravellir** So stellt man sich Island vor: Ein Lavafeld im Rücken und ein natürlicher Pool aus Steinen, in dem Menschen sich entspannen, während warmes Wasser in kleinen Wölkchen verdampft. Der geothermische Pool von Hveravellir ist wohl einzigartig, hier vereinen sich heiße und kalte Wasser und heizen das Wasser in dem Steinpool auf angenehme Temperatur. Doch der Pool ist eher zum Ausruhen da, am besten, nachdem man eine Wanderung durch die Umgebung unternommen hat. Denn hier gliedert sich Lavafeld an Lavafeld, Hveravellir befindet sich im Norden des 450 Quadratkilometer weiten Kjalhraun. Besucher kommen vor allem wegen der Sinterablagerungen und der dazugehörigen Quellen, die hier in unwirklichen Farben aus der kargen Landschaft leuchten. So erscheint die Quelle Fagrihver wie ein blaues Auge zwischen den hellen Kalkablagerungen. Bláhver, die »blaue Quelle«, befindet sich ganz in der Nähe und ist die größte ihrer Art. Zwischendurch sieht man immer wieder zischende Fumarolen aus der Erde kommen.

***** Borgarvirki** Wenn die Natur schon einen kreisrunden Steinring an einem strategisch günstigen Ort vorlegt, ist es klar, dass daraus auch eine Burg geworden ist: Borgarvirki zählt zu den wenigen erhaltenen Festungen in Island und fußt auf einem natürlichen, etwa 40 Meter im Durchmesser zählenden Fundament aus Basaltsäulen. Sie sind drei bis fünf Meter hoch und wurden offensichtlich von Menschenhand erweitert. Die Festung stammt wohl aus dem 10. Jahrhundert. Viele Sagen ranken sich um diesen Bau, in dessen Innerem sich noch die Reste von zwei Langhäusern und einem Brunnen erkennen lassen. Wurde sie als Reaktion auf einen Streit errichtet? Oder haben hier Fremde Land in Anspruch genommen? Das ist bis heute ungeklärt. Manchmal dient die Ruine als Kulisse für Konzerte.

**** Vatnsnes** Die kleine Halbinsel Vatnsnes bietet mit ihren besonderen Gesteinsformationen viele Inspirationen zum Formenraten und mit Glück lassen sich im Meer immer wieder Seehunde sehen. Verlassene Höfe und Häfen verleihen der Gegend ein besonderes Flair. Auf einer schmalen, unasphaltierten Straße kann man die Halbinsel umrunden. Vor allem an der Nordspitze lohnt es sich, nach Seehunden Ausschau zu halten.

**** Hvítserkur** An der Ostküste der kleinen Halbinsel ragt der 15 Meter hohe, an zwei Stellen ausgehöhlte Basaltfelsen Hvítserkur aus der Brandung, der vor allem Kormoranen, Eissturmvögeln und Dreizehenmöwen als Brutplatz dient. Einer Legende nach ist der Hvítserkur, der »weiße Kittel«, ein zu Stein erstarrter Troll, der versucht haben soll, das nahe Kloster Þingeyri mit Steinen zu bewerfen und als Strafe nun für immer das Gezeter und die Exkremente der Vögel ertragen muss.

Isländisches Seehundmuseum in Hvammstangi & Beobachtungsfahrten

Die Seehunde rund um Hvammstangi sind eine besondere Attraktion des 800-Seelen-Ortes. Wer sich tatsächlich für die moppeligen Meeressäuger interessiert, der ist an der richtigen Stelle, denn die Küste scheint von diesen Tieren nur so zu wimmeln. Hier am Miðfjördur hat sich ein Museum der Erforschung der Robben verschrieben. 2006 eröffnet, gehört es einer Privatinitiative an, die es sich zum Ziel gesetzt hat, den Seehundtourismus möglichst nachhaltig zu gestalten. Bootstouren mit dem nostalgischen Holzschiff Brimill zu den Seehunden sind mit Auflagen versehen, um die empfindlichen Tiere nicht zu stressen. Das Zentrum selbst ist erste Anlaufstelle für Informationen über die Seehunde, ihre verschiedenen Arten und ihre Geschichte.

Auf 177 Metern thront die Borgarvirki-Festung aus Basaltsäulen.

Als Elefant, Nashorn oder Drache, der sich zum Trinken ins Wasser neigt, wird der Basaltfelsen Hvítserkur auch beschrieben.

Seehunde

Auf den flachen Sandbänken oder schmalen Felsen dösen sie und wärmen sich in der Sonne auf: Seehunde gehören zum Norden von Island einfach dazu. Besonders viele Robben haben sich an der Küste der Halbinsel Vatnsnes niedergelassen. Kenner können die verschiedenen Arten hier gut unterscheiden, so trifft man nicht nur auf den »gemeinen Seehund«, sondern auch auf Ringelrobben, Kegelrobben oder Sattelrobben.

Die Aufzucht der Tiere erfolgt in Höchstleistung: So müssen die Jungtiere in den ersten Monaten ihres Lebens mehrere 10 000 Kilokalorien pro Tag in der Muttermilch zu sich nehmen, um schnell zu wachsen. Denn nach vier bis fünf Wochen sollten sie selbstständig genug sein, um sich eigene Heringe oder Lachse zu fangen. Denn dann werden sie allein gelassen. Wenn sie so gesellig miteinander auf den Sandbänken liegen, trügt die Nähe, die sie ausstrahlen. Sie mögen es gar nicht, wenn andere Tiere zu nah herankommen und brauchen einen Mindestabstand – berühren sie sich, kommt es oftmals zu kleinen Kämpfen. Die Tiere sind sehr empfindlich, deswegen sollten Besucher in den Booten nicht nur auf Abstand zu den Tieren achten, sondern auch auf gedeckte Farben in der Kleidung, denn leuchtende Jacken und Co. können die Tiere ebenfalls stören.

Réttir – Schafabtrieb

Es gibt Arbeiten, die kann man einfach nicht allein erledigen. Und wenn es schon so ist, warum dann nicht gleich ein großes Fest drum herum organisieren? Wie etwa beim Réttir – dem Schafabtrieb. Wenn die Lämmer im Mai geboren werden, steht ihnen die komplette isländische Weite offen. Werden die Tage allerdings kürzer und droht Schnee zu kommen, bereiten die Nordmänner und -frauen sich auf ihr Großevent vor: Den

Schafabtrieb kann keiner allein erledigen. Zu Pferd, im Geländefahrzeug oder zu Fuß ziehen sie aus in die Berge, um die Tiere wieder in die Gatter und Höfe zu treiben. Der erfahrenste der Treiber, auch Bergkönig genannt, ist Chef der Helfer und teilt sie für ihre Aufgaben ein. Was so leicht klingt, entpuppt sich beim genauen Hinsehen als schwere Arbeit, denn die Herden sind nicht selten 2000 Tiere stark, und das will koordiniert werden. Manche Tiere müssen sogar einzeln per Hand gefangen werden, weil sie ständig aus dem Pulk ausbrechen. Und einmal verfolgt, springen sie erstaunlich hoch oder entwickeln ungeahnte Geschwindigkeiten. Der Schafabtrieb findet in den verschiedenen Orten im September statt – Touristen sind willkommen, auch gerne zu Pferd. Es ist ein erhebender Moment zu erleben, wenn alle Tiere geordnet in ihren Gattern sind.

Vestfirðir

Die vielfingrige Hand der Westfjorde ist der älteste Teil Islands. Vulkanische Aktivitäten sind deshalb nicht mehr vorhanden, nur vereinzelt gibt es noch warme Quellen. Die Küste wird von imposanten Fjorden gebildet, darum herum erheben sich schroffe Berge aus dunklem Basalt. In den Westfjorden leben heute wegen der Abgeschiedenheit und des harten Klimas nur gut 7000 Menschen. Bild: Mündung des Baches Horná in der Hlöðuvík-Bucht auf Hornstrandir.

Unterwegs in der Strandasýsla

Der Ostteil der Region Vestfirðir (»Westfjorde«) erstreckt sich über etwa 100 Kilometer Länge vom Hrútafjörður im Süden bis zum Übergang zur Hornstrandir-Halbinsel im Norden. Meer und Berge prägen das weitgehend menschenleere Gebiet, im Norden stößt es an den Drangajökull, Islands nördlichsten Gletscher. Wichtigster Ort ist das Hafenstädtchen Hólmavík am Steingrímsfjörður.

Der weite Blick über Berge und Küste von Strandir bei schönem Wetter bleibt unvergesslich.

***** Strandir** Die Region Strandir an der Ostküste der Westfjorde war über Jahrhunderte eine der am schwersten zu erreichenden Gegenden Islands. Heute leben hier nur noch rund 800 Menschen, die Hälfte davon im größten Ort Hólmavík. Überwiegend kurze Fjorde – nur der Steingrímsfjörður und der Reykjafjörður schneiden tiefer ins Land – prägen die Küste, dahinter erheben sich fast vegetationslose Berge, die teils eine Höhe von 700 Metern erreichen. Überall sind die Spuren der letzten Eiszeit offensichtlich. Begünstigt durch die Abgeschiedenheit wurden noch länger als andernorts Rituale der alten germanischen Religion praktiziert, auch Zauberei, die Anrufung von Geistern und sogar das Auferwecken von Toten sollen hier weit verbreitet gewesen sein. Bis ins 17. Jahrhundert waren Hexerei und Zauberei

VESTFIRÐIR
Verwaltungszentrum:
Ísafjörður (Gemeinde Ísafjarðarbær)
Fläche:
9355 km²
Bevölkerung:
7362
Bevölkerungsdichte:
0,787 Einwohner/km²

Eine Besichtigung wert ist die alte Heringsfabrik in Djúpavík.

straffrei, danach kam es zu zahlreichen Hexenprozessen. Von dieser Zeit des Aberglaubens berichtet das Hexenmuseum in Hólmavík.

***** Hólmavík** Mit seinen 375 Einwohnern ist es der größte Ort in der Region Strandir und gilt als Zentrum der Umgebung. Die Menschen hier leben vom Fischfang und vom Tourismus. Vor allem spirituell Interessierte verschlägt es in diese Gegend. Liebhaber des Übersinnlichen kommen hier auf ihre Kosten, denn das Museum für Hexerei am Hafen ist überall im Land bekannt. In Island wurden nach der Reformation aber nicht Frauen, sondern Männer der Hexerei angeklagt. Genau genommen praktizierten sie aber nur ihre alten Wikingertraditionen und riefen ihre Götter zur Hilfe. Wie sie das taten, darüber informiert dieses Museum. Wohl spektakulärstes Exponat ist die, »Leichenhose« (nábrók), hergestellt aus der Haut eines toten Mannes. Wer sich weiter mit der Magie befassen will, besucht das Hexerhaus im 25 Kilometer entfernten Klúka.

Hot Pot und Pool mit Meerblick: Drangsnes und Krossneslaug

Es scheint, als müsse man nur irgendwo graben oder bohren und schon sprudelt warmes Wasser aus der Erde. So jedenfalls ist es in Drangsnes 1996 gewesen. Die Einwohner nutzten die Gunst der Stunde gleich, um kleine Wannen direkt am Meer zu installieren. Selbst wenn das Wetter an der Küste einmal ungemütlich ist, kann man draußen im blubbernd warmen Wasser der drei Hot Pots baden und aufs Meer schauen. Oder in Richtung des versteinerten Trolls, wie der markante Felsen am Ortsrand auch genannt wird. In Krossneslaug hat man schon früher um das heiße Wasser gewusst, das hier mit 64 °C aus der Erde strömt und deshalb mit kaltem Wasser gemischt wird, bevor es in den Pool am steinigen Strand geleitet wird.

*** Djúpavík** Reichtum verschwindet manchmal ebenso schnell, wie er auch gekommen ist: Dass in dieser Siedlung kaum eine Familie mehr wohnt, findet seine Gründe im Hering. 1917 begann der Boom rund um den Fisch, hier wurden die reichen Fänge eingesalzen und haltbar gemacht. Zwei Jahre später aber musste der Investor feststellen, dass er sich übernommen hatte, und gab auf. Erst 1934 wurde an dieser Stelle die größte und modernste Fischverarbeitungsfabrik Europas gebaut, in der mehr als 260 Menschen Lebertran und Konserven produzierten. Sie mussten teilweise auf einem umgebauten Frachtschiff schlafen, weil Wohnraum knapp war. Doch schon 14 Jahre später war das Meer an dieser Stelle leergefischt und die Fabrik gab auf. Geblieben war lange Jahre eine Geisterstadt, bis ein Investor sich der alten Fabrik annahm und ein Museum sowie ein Hotel errichtete. Heute beleben vor allem Touristen die alte Siedlung.

Hauptort der Region ist Hólmavík (»Inselbucht«), der mit seiner kleinen Holzkirche und dem eigentümlichen Museum für Hexerei aufwartet.

Harðfiskur – Trockenfisch

Wenn Boden und Klima keine großen Getreideernten hergeben, muss man erfinderisch sein, um zu überleben. Das sind die Isländer und so kreierten sie eine ganz eigene Art der Küche. Wer sonst kommt schon auf die Idee, getrockneten Schellfisch mit Butter zu bestreichen und zu essen wie ein Brot? Harðfiskur ist eine typisch isländische Spezialität und aus dem Alltag so gut wie nicht wegzudenken. Ob als kleiner Snack zwischen-

durch auf der Fähre oder gediegen als Vorspeise – der getrocknete Fisch ist oftmals ähnlich wie unsere Kartoffelchips im Supermarkt abgepackt. Doch wer glaubt, er lasse sich ebenso einfach essen, täuscht sich, denn er will gut gekaut und mit Speichel gemischt sein, um seine spröde Konsistenz zu verlieren. Er ist auf dem Land allgegenwärtig, denn oftmals findet man die Holzgestelle, auf denen der in Salzlake getunkte, filetierte Fisch getrocknet wird. Ist er fertig, wird er – im Gegensatz zum herkömmlichen Stockfisch – noch gewalzt und in kleine Streifen geschnitten. Das Walzen passierte oftmals mit dem Hammer und hatte praktische Gründe, nämlich um die Zähne zu schonen. Auf diese Weise war der Schellfisch über Jahre haltbar. Proteinreich wie er ist, hat er früher das Überleben in der kalten Jahreszeit gesichert.

Unterwegs in der Norður-Ísafjarðarsýsla

Vor allem die Hornstrandir-Halbinsel ist in diesem Bezirk das Ziel der wetterfesten und wanderfreudigen Besucher, die sich der einsamen, aber überwältigenden Natur von Islands Nordwestspitze stellen wollen. Straßen sind Mangelware; wer hier unterwegs sein will, braucht ein Boot. Im tief ins Land einschneidenden Fjord Ísafjarðardjúp bezaubern die Inseln Vigur und Æðey.

Ein kleiner von Wollgras umgebener See bei Hlöðuvík.

***** Hornstrandir-Halbinsel** Hornstrandir ist die nördlichste Halbinsel der Westfjorde. Vom Mittelalter bis zum Beginn des 20. Jahrhunderts war die Region für isländische Verhältnisse relativ dicht besiedelt, die Menschen lebten abgeschieden, aber gut von den reichen Fischgründen im Nordatlantik. Heute ist die gesamte Region verlassen, die Seevögel haben die Klippen wieder für sich allein, und der Polarfuchs kann hier ungestört durchs Landesinnere streifen. Die Höfe wurden zwar aufgegeben, doch das Land ist immer noch in Privatbesitz, manche Häuser werden sogar instand gehalten und im Sommer für einen Ausflug in die Wildnis genutzt. Denn mittlerweile erfreut sich die Hornstrandir-Halbinsel bei Aktivurlaubern großer Beliebtheit. Doch wer eine Wanderung plant, ist ganz auf sich gestellt. Es gibt keine Übernachtungs- oder Verpflegungsmöglichkei-

Eine der letzten Mühlen des Landes steht auf Vigur.

ten, deshalb muss man Zelt und Proviant für die gesamte Tour mitnehmen. Auch im Sommer sind Nebel, Regen und sogar Schnee möglich. An der West- und Ostküste führt zwar jeweils eine Straße ein Stück in Richtung Norden, doch mehr Infrastruktur gibt es nicht. Spätestens ab dort ist man allein in einer großartigen Wildnis, wie sie sonst in Europa nicht mehr existiert.

** **Hornbjarg** Mit einem flauschigen grünen Teppich übersehen ragen die Abgründe hier mehr als 530 Meter zackig gen Himmel. Der Hornbjarg gehört zu den abgelegenen Plätzen des Landes und möglicherweise auch zu den schönsten. Wer hierher zum Wandern kommen will, muss eine rund dreistündige Bootstour etwa ab Ísafjörður hinter sich bringen. Der Lohn ist aber eine einmalige Landschaft rund um den Berg, dessen Zacken etwas an den Rücken von Drachen erinnern.

*** **Drangajökull** Südöstlich von Hornstrandir erhebt sich im Landesinnern der bis zu 925 Meter hohe Gletscher Drangajökull, der seine Kälte bis in die Täler schickt, weshalb sich der Schnee oft bis weit in den Sommer hält. Er ist der nördlichste Gletscher Islands und lässt sich über die Kaldalón-Bucht erreichen. Sein eisiges Bild beherrscht schon von Weitem das Panorama am Ísafjarðardjúp-Fjord. Mehrere Gipfel ragen aus dem ewigen Eis heraus und verraten, dass sich unter der etwa 160 Quadratkilometer großen Fläche Vulkane befinden müssen.

*** **Vigur und Æðey** Einsame Inseln stellt man sich mit Palmen und warmen Wasser vor. Doch auch Island kann dieses Klischee bedienen, mit den typisch skandinavisch bunten Holzhäusern und kühlem Atlantik vor der Haustür. Die Insel Vigur etwa ist nur rund einen halben Quadratkilometer groß. Sehenswert ist der abgelegene Hof und die wohl einzige Windmühle der Insel aus dem Jahr 1840. Wenn dann der Bauer noch mit dem Ruderboot seine Schafe von einer Insel zur nächsten fährt, glaubt man sich in eine andere Zeit versetzt. Neben den Schafen verdient er sein Geld mit den Daunen der Eiderenten, die hier wie auch auf der nahe gelegenen Insel Æðey so zahlreich vorkommen. Æðey ist die größte Insel im Ísafjarðardjúp, dort befinden sich ein Hof und eine japanische Station zur Erforschung der Polarlichter.

Wanderer blicken über die Klippenkante des Kálfatindar auf Hornstrandir.

Eiderenten

Leicht, weich und von graubrauner Farbe ist das wohl edelste Füllmaterial von Bettdecken in unseren Breiten: Die Eiderentendaune hat sicher schon so manchem einen warmen Schlaf beschert. Seit Jahrhunderten machen sich die Isländer dieses Kleid des Vogels zunutze und treiben einen regen Handel mit seinen Daunen. Mehr als 450 000 Paare sollen in Island brüten, Kerngebiet der Population sind die Inseln Æðey und Vigur. Hier tun sich die Vögel noch immer in Kolonien zusammen, um ihre Jungen großzuziehen. Und genau dabei fallen auch die begehrten weichen Federn an, denn die Daunen benutzt die Eiderente, um ihr Nest auszupolstern. Am Ende der Brutzeit also sieht man die Isländer heute noch über die Wiesen streifen und das schneeflockenleichte Material ernten.

Polarfuchs

Sein weißes, dichtes Fell weckte große Begehrlichkeiten in den kalten Wintern: Der Polarfuchs ist das einzige Landsäugetier, das in Island ursprünglich ein natürliches Vorkommen besitzt und nicht eingeführt wurde. Gehörte der Fuchs mit seinem hellen Fell einst zum Landschaftsbild, muss man in manchen Gegenden sehr genau hinsehen, um Exemplare dieser Art zu finden, denn die Jagd auf ihn hat seine Bestände dezimiert.

Verglichen mit seinem Verwandten in den gemäßigten Klimazonen ist diese Art kleiner, hat kürzere Ohren und stark behaarte Pfoten. Vor allem aber ist er der einzige der Hundeartigen, der seine Fellfarbe der Jahreszeit anpasst. Im Sommer ist die Tönung seines Felles eher erdfarben, im Winter weiß oder grau, das im Sprachgebrauch als »blau« bezeichnet wird. Sein Tisch ist reich gedeckt, er ernährt sich von Schneehühnern, Eiern von Vögeln wie Steinschmätzer und Bachstelze oder nascht Mäuse oder Lemminge. In Súðavík haben Anwohner 2007 ein Polarfuchszentrum gegründet, um zum einen die Wichtigkeit des Schutzes dieses Tieres zu bekräftigen und zum anderen, um diese Art weiter zu erforschen. Hier werden auch Touren zu den Revieren der Füchse organisiert. Ein angeschlossenes Museum informiert über die Lebensweise des Polarfuchses.

Unterwegs in und um Ísafjörður und Bolungarvík

Ísafjörður am gleichnamigen Fjord ist das Zentrum der Westfjorde. Fischfang ist seit Langem der wichtigste Wirtschaftszweig der Region, was hier und im nördlich gelegenen Bolungarvík in Museen auch historisch gut nachzuvollziehen ist. Lohnende Ausflüge führen nach Þingeyri, dem ältesten Handelsplatz der Region, und zum Dynjandi-Wasserfall, auch Fjallfoss genannt.

Die 1000-Seelen-Gemeinde Bolungarvík am Fuß des Berges Traðarhorn ist nach Ísafjörður die zweitgrößte Stadt der Region Vestfirðir.

Bei Bolungarvík befindet sich das Freilichtmuseum Ósvör.

***** Ísafjörður** Das Handels-, Verwaltungs- und Dienstleistungszentrum der Westfjorde mit seinen knapp 3000 Einwohnern breitet sich auf einer Sandbank im Fjord vor der eindrucksvoll aufragenden Bergkulisse des Eyrarfjall und Kirkjubólsfjall aus. Ab dem 16. Jahrhundert machten norwegische, dänische, deutsche und englische Kaufleute Ísafjörður zum Zentrum der Westfjorde. Kabeljau und Klippfisch brachten gutes Geld in die Kassen. Auch heute noch sind Fischfang und Fischverarbeitung die wichtigsten Wirtschaftszweige. Der älteste Siedlungskern im Süden der Halbinsel stammt aus dem 18. Jahrhundert, in einigen der alten Gebäude ist das Seefahrtsmuseum Byggðasafn Vestfjarða untergebracht. Hier wurden einst der Klippfisch gesalzen und allerlei Waren gelagert. Eine Ausstellung zeigt die Geschichte der ehemaligen Fischfangstation, vor der Tür liegen mehrere Museumsboote, von denen einige sogar noch seetüchtig sind.

***** Bolungarvík** Der kleine Ort liegt an der gleichnamigen Bucht, die einen Teil des Ísafjarðardjúp bildet. Er wird überragt vom steil abfallenden Traðarhorn. Mit dem zunehmenden Handel um 1890 entstand der heutige Kern von Bolungarvík (»Holzhafenbucht«). An seinem östlichen Ende liegt die ehemalige Fischereisiedlung Ósvör, heute ein schön restauriertes Freilichtmuseum. Es erinnert an die Zeit, als die Fischer selbst bei eisigem Wind und Schneetreiben in offenen Ruderbooten hinausfuhren. Am Ufer stehen ein altes Salzhaus für den Klippfisch und eine Trockenhütte, in der wie früher der Fisch zum Trocknen hängt. Außerdem gibt es die Hütte für die Fischer, in der sich immer zwei Mann ein Bett teilen mussten. Die Betreiber des Museums empfangen Besucher stilecht in Kleidung aus Schafshaut, die mit Fischöl imprägniert wurde. Eine Straße führt zur Radarstation auf dem Bolafjall.

Eine Radarstation der NATO steht auf dem Bolafjall bei Bolungarvík.

Schon aus der Ferne hübsch anzusehen, ergänzen die bunten Holzhäuschen der Altstadt von Ísafjörður auch aus der Nähe den Eindruck.

Beeren

Geht es auf den Spätsommer zu, lassen sich in Islands Landschaft seltsame Dinge beobachten: Menschen kriechen auf den Knien durch die niedrigen Büsche oder hocken stundenlang gebückt in der Natur. Die Zeit der Beerenernte hat begonnen, Island ist ein ausgesprochenes Heidelbeerland. Im Gegensatz zu den dicken Zuchtblaubeeren sind die wilden Heidelbeeren auch im Inneren blau, kleiner und wesentlich geschmacks-

intensiver. Um sie auch ideal ernten zu können, haben die Isländer eine Art großen Kamm, mit dem sie durch die Büsche streifen. Blätter und Äste rutschen durch die Zähne und die Beeren lösen sich schnell und leicht. Heidelbeeren sind in Islands Küche überall gegenwärtig, etwa im Eis, im Skyr oder als »Bláberjasulta« – Blaubeerkonfitüre. Mancherorts werden die Beeren auch gefeiert, etwa am letzten Augustwochenende findet in Súðavík ein großes Blaubeerfest statt. Neben der Blaubeere ist auch die Krähenbeere auf der Insel sehr beliebt, die einen sehr hohen Vitamin-C-Gehalt aufweist und gerne zu Kompott verarbeitet wird. Wie die Heidelbeere gehört sie auch zu den Heidegewächsen. Auch Preiselbeeren, rote Johannisbeeren, Brombeeren und mancherorts auch Vogelbeeren zählen zu den isländischen Spezialitäten.

Svalvogar-Route

Sie ist wohl eine der berühmtesten des Landes – und vielleicht landschaftlich auch die schönste Straße. Oftmals wird sie als Traumroute bezeichnet, führt sie doch entlang der Fjorde und Berge vorbei an plätschernden und rauschenden Bächen und schwarzen Stränden. Wer die knapp 50 Kilometer unbedingt mit dem Auto fahren will, braucht Mut und ein geländegängiges Fahrzeug. Am besten ist sie jedoch für Mountainbiker geeignet. Die ersten Kilometer mögen ja noch mit dem Auto gehen, bis man einen kleinen Fluss überqueren muss und die Straße immer unwegsamer wird. Die Route verbindet die Fjorde Dýrafjörður und Arnarfjörður und startet in Þingeyri. Ein Tipp: auf dem Rückweg die »Alpen« der Westfjorde durchfahren – auf den schwarzen Wegen, die oftmals wie in die Berge geschnitzt wirken.

**** Kirkjuból í Bjarnardal** Wer es eilig hat und keinen Umweg auf holprigen Schotterstraßen machen möchte, fährt von Þingeyri direkt in Richtung Norden, nach Flateyri oder nach Ísafjörður. Alle anderen machen einen Abstecher auf die Halbinsel zwischen Dýrafjörður und Önundafjörður. Eine kleine Piste führt am Südufer der Halbinsel entlang durch breite Täler zu einem Schwimmbad, einer kleinen Holzkirche und zu den heute verwilderten Überresten eines botanischen Gartens. Auch entlang der Nordküste der Halbinsel führt eine kleine Straße bis nach Kirkjuból im Bjarnadalur. Das kleine Gästehaus liegt am Ende der Welt inmitten grüner Wiesen und ist der ideale Platz für einige ruhige oder aktive Tage. Man kann auf Mosvallahorn und Hestur wandern und die Aussicht genießen, Vögel beobachten oder Seekajaktouren auf dem Önundafjörður unternehmen.

**** Dýrafjörður und Þingeyri** Der Dýrafjörður reicht rund 30 Kilometer ins Landesinnere, an seinem Südufer liegt mit Þingeyri der älteste Handelsort der Region. Viel zu sehen gibt es in dem ruhigen Ort mit gerade einmal 300 Einwohnern nicht. Einen Blick lohnt das Pakkhús aus der Mitte des 18. Jahrhunderts, das zu den ältesten Lagerhäusern Islands zählt. Wenn man Glück hat, ist auch die alte Schmiede von 1913 in der Hafnarstræti geöffnet, die bis unters Dach voll mit alten Werkzeugen und Maschinen ist. Lohnend ist ein Abstecher auf den knapp 400 Meter hohen Hausberg Sandafell, auf dessen Gipfel eine Allradpiste führt, die sich aber auch gut als Wanderweg eignet. Der Kaldbakur (998 Meter), südlich von Þingeyri, ist der höchste Berg der Westfjorde und kann auf einer nicht allzu schwierigen, aber anstrengenden Tageswanderung bestiegen werden. Die Aussicht auf den Ort und die Umgebung lohnt die Mühe.

Auf dem Weg nach Þingeyri öffnen sich sonnenbestrahlte Täler, in denen zwischen roten Hängen mit tief eingeschnittenen Erosionstälern auch Landwirtschaft möglich ist.

Sehenswert ist auch die Kirche von Þingeyri.

Blick auf den Arnarfjörður.

***** Dynjandi-Wasserfälle** Bereits die Fahrt zu den Dynjandi-Wasserfällen ist purer Genuss. Wer von Süden kommt, fährt von Bíldudalur anfangs auf kurviger Straße am Fjord entlang. Bald entfernt sich die Straße vom Meer und führt auf die Dyjandisheiði, eine wasserreiche, aber karge Hochebene. Vor allem der Blick in Richtung Westen fasziniert, denn dort liegt der von steilen Felswänden umgebene Arnarfjörður. Von der Hochebene schlängelt sich die Straße wieder hinunter zu den Wasserfällen. Insgesamt bildet der Fluss Dynjandisá sechs Kaskaden mit einer Gesamtfallhöhe von fast 200 Metern. Besonders beeindruckend ist der erste, der 100 Meter hohe Fjallfoss. An der oberen Kante misst er 30 Meter, fächert sich nach unten aber auf die doppelte Breite auf. Es folgen fünf kleinere Fälle: Hundafoss, Strokkur, Göngumannafoss – hinter dem man durchlaufen kann – Hrísvaðsfoss und Sjóarfoss.

Aus der Nähe kennt ihn jeder Besucher der Gegend – doch ganz anders und nicht weniger spektakulär wirkt der Blick auf den Dynjandi mit einigem Abstand.

**** Arnarfjörður** Wie ein großes blaues Y teilt sich der Fjord 30 Kilometer landeinwärts. Er ist der zweitgrößte der westlichen Fjorde Islands und misst an manchen Stellen bis zu zehn Meter Breite. Der »Adlerfjord« ist gesäumt von spektakulären Gebirgslandschaften. Im Gegensatz zur üblichen Landschaft in Island, die durch Weite und Ebenen gekennzeichnet ist, ragen hier einige Bergspitzen steil in die Luft und das Panorama ist alpin. Der Grund liegt im Tjaldanesvulkan, der hier vor vielen Millionen Jahren Lava spuckte. Die Reste seines Kegels sind heute noch in Bergen wie Tjaldanesfell oder Kaldbakur zu erkennen. Sie sind steil und zerklüftet und erinnern in ihrer rauen, harschen Struktur an die Gletscher der letzten Eiszeiten. Ab und an erklimmen Bergsteiger die knapp 1000 Meter hohen Spitzen.

Der natürliche Pool Reykjafjarðarlaug am Südostende des Arnarfjörður ist über 40 °C heiß.

Dynjandi-Wasserfälle

Wie klein wirkt doch der Mensch vor der Kulisse der mächtigen Dynjandi-Wasserfälle. Sie gehören nicht umsonst zu den spektakulärsten und schönsten der Insel. Wie ein weicher weißer Vorhang scheint das Wasser über den dunklen Stein zu gleiten; dabei stürzt es aus 100 Metern die Stufen herab. Ein ganzes Ensemble weiterer Wasserfälle breitet sich noch unterhalb des Dynjandi aus.

Unterwegs in der Vestur- und Austur-Barðastrandarsýsla

Vogelfreunde dürften in diesem Gebiet statistisch wesentlich häufiger anzutreffen sein als an vielen anderen Orten der Welt, denn der Vogelfelsen Látrabjarg ist mit seiner ungeheuren Menge an Seevögeln, die hier nisten, ziemlich einmalig. Ruhe findet man dagegen, wenn man die Fähre von Stykkishólmur nach Brjánslækur auf halbem Weg für einen Aufenthalt auf der »flachen Insel« Flatey verlässt.

Das unaufhörliche Kreischen der Vögel bildet die Geräuschkulisse am Vogelfelsen Látrabjarg.

**** Selárdalur** Zwischen dem Tálknafjörður im Süden und dem Arnarfjörður im Norden ragt die Selárdalur-Halbinsel rund 30 Kilometer ins nördliche Eismeer. Die einzigen Siedlungen sind die beiden winzigen Orte Bíldudalur, seit dem 16. Jahrhundert ein Fischerei- und Handelsplatz mit einigen schönen alten Häusern, und das moderne Tálknafjörður. Früher gab es auf der Halbinsel mehr als ein Dutzend Höfe, heute sind alle verlassen. Der letzte Bewohner des Hofes Neðribær starb 2010. Von Bíldudalur führt eine raue Schotterpiste zur Spitze der Halbinsel, die an schönen, menschenleeren Sandstränden vorbeiführt. Hier nahm die isländische Musikgruppe Sigur Rós eine Szene für ihren Film »Heima« auf.

***** Látrabjarg** Die Látrabjarg-Halbinsel bildet den westlichsten Punkt Europas. Auf dem Weg zum Vogelfelsen Látrabjarg passiert man die sanft geschwungenen Buchten Breiðavík und Látravík mit einsamen Sandstränden und türkisfarbenem Meer vor einer gewaltigen Bergkulisse. Irgendwann endet die Straße, und ein kleiner Pfad führt auf die Klippe, die an ihrer höchsten Stelle atemberaubende 400 Meter erreicht. Senkrecht brechen die Felsen auf mehreren Kilometern Länge ab. Bei gutem Wetter ist sogar der mehr als 80 Kilometer entfernte Snæfellsjökull zu sehen. Der größte Vogelfelsen im Nordatlantik beherbergt auf seinen Felsvorsprüngen Hunderttausende Seevögel, die während der Brutzeit einen ohrenbetäuben-

Bíldudalur, über das Wasser betrachtet, schmiegt sich an den Fjordhang.

den Lärm produzieren. Beobachten kann man etwa Krähenscharben, Dreizehenmöwen, Lummen, Alken, Eissturmvögel sowie Papageitaucher, die ihre Bruthöhlen an der oberen Abbruchkante graben.

***** Rauðisandur** Wie aus einer anderen Welt wirkt dieser Strand mit seinem terrakottaroten Sand. Je nachdem, wie das Sonnenlicht einstrahlt, erhält er eine goldene, eine pink- oder eine orangefarbene Tönung. Der »rote Strand«, wie er auf Deutsch übersetzt heißt, erstreckt sich insgesamt zehn Kilometer von Látrabjarg bis nach Skorarhlíðar. Auch hierher führt eine unbefestigte Straße, die manche als die furchtbarste Straße der Westfjorde bezeichnen, doch der Weg lohnt sich. Vom Parkplatz aus führen Schilder zum Strand, dort wartet ein kleines Hindernis auf die Besucher, denn um an den roten Strand zu gelangen, müssen sie eine flache Lagune überqueren, mit oftmals eiskaltem Wasser. Doch die Farbenpracht am Ende ist einzigartig.

Samúel Jónsson

In Selárdalur hat der eigenwillige Künstler Samúel Jónsson bis zu seinem Tod im Jahr 1969 gelebt. Samúel Jónssons »Art Farm« stellt heute die Werke des 1884 geborenen Künstlers aus. Hier lebte Jónsson alleine und bewirtschaftete sein kleines Landgut, konnte jedoch seiner Liebe zur Kunst erst freien Lauf lassen, als er in den 1950er-Jahren in den Ruhestand ging. Jónsson schuf eine Reihe von naiven Betonskulpturen, die bis heute über das Anwesen verteilt sind. Auch die kleine Kirche und sein einstiges Wohnhaus – das heutige Museum – baute er eigenhändig. Darin werden seine Malereien und kleineren Werke aufbewahrt. Nach seinem Tod setzten sich freiwillige Helfer und der deutsche Bildhauer Gerhard König für die Erhaltung und Renovierung dieses einzigartigen Erbes ein.

Der zehn Kilometer lange »rote Strand« Rauðisandur wirkt wie aus einer anderen Welt.

Auf der Látrabjarg-Halbinsel wachsen auch viele interessante Pflanzen: Flechten und Moose sowie Birkenpilz und Riesen-Krempentrichterling.

Papageitaucher

Neben Trollen und Elfen ist er das Maskottchen der Insel: Der Papageitaucher gehört wohl zu den beliebtesten Vogelarten Islands. Der »Lundi«, wie er hierzulande auch genannt wird, ist tatsächlich der Nationalvogel, denn Island kann sich der größten Bestände dieser Art rühmen. Von den weltweit rund sieben Millionen Paaren leben allein vier Millionen auf der Insel, vorwiegend an den Westfjorden. Dort brütet der Papageitaucher in

Kolonien in selbst gegrabenen Höhlen an Land und pendelt nun ständig zwischen Brutplatz und Meer, da er im Wasser nach Nahrung sucht. Er ist ein sehr guter Taucher, wenn er auf Beutefang nach Sandaalen, Sprotten oder Heringen geht. Charakteristisch für ihn ist, dass er viele Fische gleichzeitig im Schnabel behalten kann, er klemmt sie mit seiner Zunge an den Oberschnabel und transportiert sie mühelos an Land. Der Papageitaucher gehört zu der Art der Alkenvögel, zu denen auch Trottellumme und Tordalk zählen. Kennzeichnend für ihn ist sein hoher, aber extrem schmaler Schnabel mit den typischen rötlich orangefarbenen Akzenten. Während er im Wasser eine elegante Figur macht, sieht er im Flug eher unbeholfen aus mit seinen im Verhältnis zum breiten Körper doch relativ kurzen, schmalen Flügeln. Er gilt weltweit als gefährdete Art.

***** Breiðafjörður** Der rund 120 Kilometer lange und etwa 50 Kilometer breite Breiðafjörður trennt die Halbinsel Snæfellsnes von den Westfjorden. Er ist übersät von geschätzten 2000 Inseln – wegen des starken Tidenhubs tauchen diese mal mehr und mal weniger aus dem Wasser auf. Die weite Gezeitenzone bietet einer großen biologischen Vielfalt ideale Lebensbedingungen. Im Wasser leben zahlreiche Fische und Krustentiere, aber auch Robben, Weißschnauzendelfine, Zwergwale und Orcas fühlen sich im Breiðafjörður wohl. Rund die Hälfte der in Island brütenden Vogelarten ist hier anzutreffen, darunter Eiderenten, Kormorane, Eissturmvögel, Seeadler und Brandgänse. Größter Ort am Breiðafjörður ist an seinem Südufer Stykkishólmur, das auf einer Halbinsel bis in die Schärenwelt des Fjords hineinragt. Seit über 400 Jahren ist der Ort vor allem wegen seines geschützten Hafens ein geschäftiger Handelsplatz.

Die Chancen, auf einem Whale-Watching-Ausflug im Breiðafjörður Orcas zu sichten, stehen gut.

***** Flatey** Die »flache Insel« ist die größte Insel im Breiðafjörður, heute aber nur noch im Sommer bewohnt und selbst in dieser Zeit eine Oase der Ruhe. Schon von der Fähre, die Stykkishólmur mit Brjánslækur in den Westfjorden verbindet, wirkt sie mit ihren bunten Häusern wunderbar nostalgisch. Eine der bekanntesten und umfangreichsten mittelalterlichen Schriften, das »Flateyjarbók«, wurde bis zur Mitte des 17. Jahrhunderts hier aufbewahrt. Eine Reproduktion des Manuskripts ist in der Inselbibliothek ausgestellt. Heute gehört schon etwas Fantasie dazu, sich vorzustellen, dass Flatey früher ein wichtiger Handelsplatz war und sogar die Hanse hier vor Anker ging. Mehrmals diente die Insel als Filmkulisse, unter anderem wurde hier die TV-Serie »Nonni und Manni« gedreht. Im hübschen Hótel Flatey, dem einzigen auf der Insel, kann man von etwa Ende Mai bis Anfang September übernachten.

Die ruhige und nur im Sommer bewohnte Insel Flatey besticht mit viel Natur sowie kleinen gemütlichen Häusern. Wer die Fähre verlässt und auf Flatey übernachtet, kann die dortigen Vogelschutzgebiete und Seehundbänke besuchen.

In der alten Siedlungskirche auf Flatey erwarten den Besucher kunstvolle Fresken.

Vesturland

Westisland reicht vom Fjord Hvalfjörður im Süden bis zum kleinen Gilsfjörður im Norden. Im Osten bilden die Ausläufer des Langjökull eine natürliche Grenze. Die Landschaft ist abwechslungsreich mit grünen Wiesen und kahlen Lavafeldern. Aktiven Vulkanismus gibt es hier wegen der Entfernung zur Riftzone nicht mehr. Auf der Halbinsel Snæfellsnes liegt mit dem Snæfellsjökull einer der schönsten Berge des Landes. Bild: Wasserfälle zu Füßen des Kirkjufell auf Snæfellsnes.

Unterwegs in der Dalasýsla und der Snæfellsnes- og Hnappadalssýsla

Der nördliche Teil der Region Vesturland (»Westland«) ist unübersehbar geprägt von der weit in den Ozean ragenden Snæfellsnes-Halbinsel, an deren Spitze sich ein von vielen Mythen umrankter Berg erhebt: der 1448 Meter hohe Vulkan Snæfellsjökull. Nördlich davon, am Übergang zu den Westfjorden, umrahmt der sehr dünn besiedelte Bezirk Dalasýsla den Hvammsfjörður.

Den Hvammsfjörður trennen viele kleine Inseln vom Breiðafjörður.

**** Hvammsfjörður** Wenn man etwas nicht zählen kann, dann sind es die vielen Inseln im Hvammsfjörður, so ein altes Sprichwort in Island. Der Fjord, der zu Deutsch wohl so etwas wie »Muldenfjord« heißen würde, biegt sich wie eine große Sichel 40 Kilometer weit in das Land hinein. Er kann sanft wirken wie ein stiller See und sich am nächsten Tag in ein aufbrausend wildes Wasser verwandeln. Bei windigem Wetter quetscht sich der Ozean noch ein wenig stärker in diese Enge gen Land und malt mit seiner Gischt hübsche Bilder in das raue Meer. Hier ist die Landschaft einsam und unbesiedelt, nur ab und zu taucht ein Hof in der Ferne auf, ansonsten reicht der Blick über die grasbewachsene Weite bis zum Horizont oder die andere Seite des Fjords. Wenn das Panorama bis in den Norden reicht, können die Augen bis

VESTURLAND
Verwaltungszentrum:
Borgarnes (Gemeinde Borgarbyggð)
Fläche:
9522 km²
Bevölkerung:
15 720
Bevölkerungsdichte:
1,65 Einwohner/km²

Búðardalur liegt ganz im Norden der Snæfellsnes-Halbinsel. Hier wachsen u. a. Alaska-Lupinen.

Etwa 15 Kilometer nördlich von Búðardalur liegt der Hot Pot Guðrúnarlaug, eine schon in den alten Sagas erwähnte Thermalquelle.

zur Halbinsel Klofningsnes schauen. Im Himmel spielen Eissturmvögel mit dem Wind, während auf den vielen kleinen Inseln Vögel nach Nahrung picken.

*** **Búðardalur** Nur wenige Teile Islands haben einen festen Platz in der Geschichtsschreibung gefunden, einer dieser Orte ist Búðardalur. Seine Wurzeln reichen zurück bis ins 9. Jahrhundert, später wurde er sogar in der »Laxdæla Saga« erwähnt. In jüngerer Zeit avancierte der 266-Seelen-Ort zum Handelszentrum der Region, 1899 wurden ihm Handelsrechte verliehen. An diese Tage erinnert noch das alte Kontorgebäude am Hafen, in das die Touristeninformation eingezogen ist. Obwohl sich im Ort für isländische Verhältnisse bis heute ein reges Handelsleben abspielt mit Geschäften, Molkerei und Tankstelle, wandern die jüngeren Isländer eher ab und suchen Glück und vor allem Arbeit in der Hauptstadt. Geschichtlich Interessierte wenden sich dem Museum zu, denn Leifsbúð am Hafen klärt über die Entdeckungsgeschichten rund um Leif Eriksson auf.

Eiríksstaðir

Einst müssen hier große Wälder gestanden haben. Sie wurden abgeholzt, um Häuser und Schiffe zu bauen, so lautet eine logisch erscheinende Erklärung für die große Weite, die sich heute rund um das Tal Haukadalur erstreckt. Inmitten dieser Graslandschaft befand sich der Hof Eriks des Roten, des legendäre Wikingers. Sein Wohnsitz ist nachgebaut, aber dennoch beeindruckend, wenn unter Grassoden plötzlich ein Langhaus auftaucht, das ein wenig an eine Hobbithöhle erinnert. Die Replik des Wikingerhauses stammt aus dem Jahr 2000, im Sommer lassen Schauspieler hier die Geschichte lebendig werden. An diesem Platz wurde wohl auch Leif Eriksson geboren, der Sohn Eriks des Roten, der sich von hier aus aufmachte, um die Neue Welt zu entdecken. Er landete in Kanada.

***** Snæfellsnes** Weit ragt die Halbinsel Snæfellsnes zwischen der Bucht Faxaflói und dem Breiðafjörður ins Meer. Für viele ist sie ein »Island en miniature«, denn auf kleinster Fläche findet man hier alles, was Island an Schönem zu bieten hat. Die Südküste ist sehr dünn besiedelt, während an der Nordküste die Fischerorte Hellisandur, Ólavsvík, Grundarfjörður und Stykkishólmur liegen. Auf der äußersten Spitze bildet der Stratovulkan Snæfellsjökull eine besondere Sehenswürdigkeit. An klaren Tagen ist er sogar vom mehr als 100 Kilometer entfernten Reykjavík aus zu sehen. Der Snæfellsjökull ist ein mystischer Berg, der die Menschen schon immer in seinen Bann gezogen hat. In Jules Vernes fantastischem Roman »Die Reise zum Mittelpunkt der Erde« war hier der Eingang zur Unterwelt. Auch Halldór Laxness wählte ihn als Kulisse für seine Romane »Am Gletscher« und »Weltlicht«.

**** Stykkishólmur** Seit Langem ist Stykkishólmur vor allem wegen seines geschützten Hafens ein geschäftiger Handelsplatz. Der Ort liegt fotogen auf einer Halbinsel inmitten der Schären des Breiðafjörður. Schon von Weitem ist das Wahrzeichen, eine strahlend weiße,

Pittoresk liegen die Häuser mit ihren bunten Dächern am Hafen von Stykkishólmur.

moderne Kirche, auszumachen. Das Stadtbild prägen zudem viele alte Häuser in bunten Farben. Auch das Norwegische Haus »Norska Húsið« zählt zu diesen Schmuckstücken. Árni Thorlacius ließ es 1832 errichten und betrieb hier die erste Wetterstation Islands, heute beherbergt es wechselnde Kunstausstellungen. Im ehemaligen Versammlungshaus befindet sich das Vulkanmuseum, in dem der Vulkanologe Haraldur Sigurðsson seine umfangreiche Sammlung, darunter viele Gemälde, zeigt. Neueste Attraktion ist die Wasserbibliothek, eine Installation der amerikanischen Künstlerin Roni Horn aus 24 Glassäulen, die mit Gletscherwasser gefüllt sind. Sehenswert ist auch der kleine Leuchtturm auf der Insel Súgandisey.

Die Halbinsel Snæfellsnes ist besonders im bunten Herbstkleid schön anzusehen. Ihre Landschaft erinnert an die in Jules Vernes Roman »Die Reise zum Mittelpunkt der Erde«.

Bjarnarhöfn Shark Museum

Ausgestopfte Robben, Fallen, Gebisse: Allerlei Kuriositäten finden sich im Bjarnarhöfn Shark Museum. Der Hof ist wohl auf den Wikinger Ketill Flachnase zurückzuführen, der sich im 9. Jahrhundert hier niedergelassen haben soll. Erstmalig erwähnt wird das Anwesen im 11. Jahrhundert und es scheint, als sei es seitdem auch in Familienbesitz geblieben, denn der jetzige Besitzer heißt Bjarnason und hat aus dem Haus ein Museum gemacht. Es informiert über die Geschichte des Fanges des Grönlandhais. Noch heute wird sein Fleisch hier verarbeitet – dabei können Besucher nicht nur zusehen, sondern die kleinen fetthaltigen Würfel auch noch probieren – »Hákarl« heißen sie auf Isländisch. Es ist eine Kunst, sie zuzubereiten, denn frisch sind sie giftig, hier werden sie fermentiert.

Seeadler

Sie gehören wohl zu Islands seltensten Brutvögeln – denn die Seeadlerbestände haben den Nordmännern jahrelang Sorge bereitet. Nahezu ausgestorben war das Symbol der Freiheit und Stärke auf der Insel. Ein Schicksal, das die Tiere auf Island wie auch fast überall im übrigen Europa ereilt hat. Giftköder, zu großzügig aufgebrachte Schädlingsbekämpfung oder auch direkte Verfolgung haben die Seeadler in Island ver-

schwinden lassen. Dass sie heute wieder zu sehen sind mit immerhin rund 70 brütenden Paaren, zeugt von den Bemühungen der Naturschützer. Seit 1914 ist der Vogel streng geschützt – mit Erfolg, denn seit Mitte der 1960er-Jahre steigt die Zahl der Tiere wieder, Grund sind unter anderem Verbote der Giftköder für Füchse. Die Vögel, die zu den größten Greifvögeln Europas gehören, verfügen nicht selten über eine Spannweite von bis zu 2,40 Metern. Sie ernähren sich von Fischen, Kleinsäugern oder auch Aas. Seeadler können 35 Jahre alt werden, der älteste in Island beobachtete Vogel war aber nur 18 Jahre alt. Glaubte man früher, die Seeadler in Grönland und Island seien eine eigene Art, sind Forscher mittlerweile davon überzeugt, dass die hier lebenden Tiere einst von Siedlern aus Europa mitgebracht wurden, da sie sich genetisch sehr ähneln.

Aus der Ferne erinnert der nah an der Küste stehende Kirkjufell an eine Pyramide.

Die Kirche von Ingjaldshóll steht westlich von Ólafsvík unterhalb des Snæfellsjökull.

*** Kirkjufell** Der 463 Meter hohe Berg erhebt sich in der Nähe des Ortes Grundarfjörður am westlichen Ufer des gleichnamigen Fjords an der Nordküste der Halbinsel Snæfellsnes und ist sein Wahrzeichen. Den Namen »Kirchberg« trägt er, weil man den malerischen Kirkjufell mit etwas Fantasie für einen Kirchturm halten kann. Nach allen Seiten bricht er steil ab, da er als Nunatak aus den Eiszeitgletschern herausragte. So konnte ihn das Eis von allen Seiten abschleifen, ohne dass er an Höhe verlor. Seine Besteigung gestaltet sich schwierig, denn hoch oben muss man beispielsweise auf Kletterhilfen zurückgreifen und sollte schwindelfrei sein. Einfacher ist die ebenfalls lohnende Umrundung des Bergs. Grundarfjörður besitzt einen guten Naturhafen, der seit jeher die Lebensgrundlage des Ortes bildet. Zu Beginn des 19. Jahrhunderts kamen französische Fischer und Seeleute hierher, um Kabeljau zu fangen, und bis heute sind die Verbindungen nach Frankreich nicht ganz abgerissen, denn es besteht eine Städtepartnerschaft mit Paimpol in der Bretagne.

**** Ólafsvík** Wegen der reichen Fischgründe war der kleine Ort Ólafsvík schon im 17. Jahrhundert ein wichtiger Handelsplatz auf der Halbinsel Snæfellsnes. Auch heute noch bildet die Flotte im Hafen die Lebensgrundlage des Ortes. Hier kann man Fischern bei ihrer täglichen Arbeit zusehen. Kurios: Sogar die Kirche hat hier eine Fischform. In einem ehemaligen Lagerhaus am Hafen, dem Gamla Pakkhúsið aus dem Jahr 1844, befindet sich ein kleines maritimes Museum, das über den Fischfang in Ólafsvík erzählt und das hin und wieder Kunstausstellungen veranstaltet. Südwestlich von Ólafsvík liegt der 1448 Meter hohe Snæfellsjökull, im Osten führt eine Passstraße über die Hochebene nach Búðir an der Südküste. Im Snæfellsjökull-Nationalpark erwartet den Besucher atemberaubende Natur.

Zu Füßen des 463 Meter hohen Kirkjufell ergießen sich mehrere malerische Wasserfälle, die über markierte Wanderwege leicht erreichbar sind.

Am Fjordufer des Fischerortes Ólafsvík liegen Fischtrawler und Freizeitboote vor Anker.

***** Snæfellsjökull-Nationalpark** Seit 2001 ist das Gebiet um den Snæfellsjökull als Nationalpark geschützt. Der 1448 Meter messende Snæfellsjökull ist ein vergletscherter Stratovulkan mit einem rund 200 Meter tiefen Krater am Gipfel. Dieser ist von einem Gletscher bedeckt, der in den letzten Jahrzehnten allerdings rund die Hälfte seiner Größe verloren hat. Wahrscheinlich war der Vulkan nur drei Mal aktiv, letztmals vor knapp 1800 Jahren. Trotz der langen Ruhephasen gilt der Snæfellsjökull bis heute nicht als erloschen. Rund um den Berg gibt es außergewöhnliche Lavaformationen und wilde Küstenabschnitte, die man auf einer Wanderung von Hellnar nach Arnarstapi erleben kann. Lohnend sind Abstecher zum südlichsten Punkt der Halbinsel, zum Leuchtturm von Malarrif, zu den Felszinnen Lóndrangar, auf denen viele Seevögel brüten, und zum Strand Djúpalónssandur, der von einem Lavastrom umgeben ist.

**** Malarrif** Wie eine startbereite Rakete steht er mitten in der Landschaft: weißer Körper, rote Spitze. Architektonisch erinnert der Leuchtturm eher an sozialistische Bauwerke denn an die hohe Kunst des Designs. Dennoch ist er ein beliebter Anlaufpunkt für Touristen. Mit seinen 24 Metern reicht er hoch in die Luft. Wer den Aufstieg geschafft hat, genießt das Panorama über die zerklüftete Landschaft und die schwarzen Lavastrände in den Buchten. In der Nähe befindet sich das Besucherzentrum des Parks.

***** Lóndrangar** Manche Formationen scheinen schier Unglaubliches hervorzubringen in Island: In die Felsen von Lóndrangar sollen die Elfen zum Beten kommen. Wer das Spiel des Sonnenlichtes mit den Resten der alten Vulkanschlote gesehen hat, weiß, warum die Isländer auf solche Ideen kommen. Direkt an den steilen Klippen ragen diese beiden Felsnadeln empor: die eine, mit 75 Metern, wird als christliche Säule bezeichnet, die andere, mit 61 Metern, gilt als die heidnische. Den Papageitauchern, Dreizehenmöwen und Trottellummen scheinen solche Klassifizierungen egal zu sein, sie brüten zahlreich auf beiden.

***** Arnarstapi** Wenn Stürme das Meer aufwühlen und Wellen hochpeitschen, ist vielleicht nicht die gemütlichste Zeit für eine Wanderung, aber mit Sicherheit die spektakulärste. Dann ist die Chance groß, dass sich die Gischt ihren Weg durch den Lochfelsen sucht. Hobbyfotografen brechen in Begeisterung aus. Auch die Umgebung mit den Basaltsäulen und den Vogelkolonien lohnt einen Blick.

Die Küste im Süden des Snæfellsjökull kennzeichnen Klippen mit Höhlen und Felsentoren.

An der Küste des Snæfellsjökull-Nationalparks locken die Felszinnen von Lóndrangar.

An bizarren Felsformationen kommt man bei einer Wanderung von Arnarstapi nach Hellnar vorbei.

Djúpalónssandur

Zum schwarzen Lavastrand Djúpalónssandur führt ein Küstenpfad, auf dem man ein labyrinthartiges Lavafeld mit riesigen skurrilen Gesteinsformationen passiert; z. B. der Gatklettur, ein Steinbogen, durch dessen Loch man bis zum Snæfellsjökull blickt, befindet sich hier. Am Strand entdeckt man u. a. die denkmalgeschützten Reste des Wracks eines 1948 gestrandeten britischen Trawlers.

Zu Basaltsäulen erstarrte die Lava hier an der Gerðuberg-Klippe.

**** Búðir** Der historische Handelsort Búðir, etwa 20 Kilometer östlich von Arnarstapi gelegen, war seit der Landnahme bis etwa 1930 bewohnt, ist heute jedoch vollkommen verlassen. Die einzigen Gebäude sind die kleine schwarze Holzkirche aus dem Jahr 1848 und das nach einem Brand neu erbaute Hotel. Ein Abstecher zum Meer lohnt sich wegen des schönen hellen Muschelsandstrandes. Hier hat man einen weiten Blick über das Meer. Das Lavafeld Búðahraun, das vor etwa 5000 Jahren bei einem Vulkanausbruch entstand, prägt ansonsten die Landschaft. Schöne Wanderwege führen durch das mit mehr als 130 Pflanzenarten bewachsene Schutzgebiet.

***** Gerðuberg** Beinahe sehen sie aus, als hätten Menschenhände sie behauen, so glatt und rechtwinklig muten die Basaltsäulen von Gerðuberg an. Sie sind aber ein Kunstwerk der Natur, ein Zusammenspiel aus heißer Lava sowie kühlem Ozeanwasser. Denn als der Vulkan seine roten Glutmassen noch über das Land spuckte, erstarrten sie zügig, als sie das Wasser erreichten. Bis zu 15 Metern ragen die Felsnadeln empor, sie formen eine mauerartige Steilküste. Es ist die längste Formation derartiger Stehlen, sie misst insgesamt zwei Kilometer. Von hier aus bietet sich ein Abstecher nach Höfði an, wo eine große Quelle aus dem Boden strömt. Sie gilt als die größte Mineralienquelle Islands. Ebenfalls lohnt sich ein Abstecher nach Rauðamelskúlur, wo zwei Felsdome allein aufgrund ihrer Färbung auffallen. Auch der in der Nähe liegende goldfarbene Strand Löngufjörur ist ein beliebtes Ziel.

Das erste Gotteshaus in Búðir wurde 1703 als Torfkirche gebaut und 1849 in Holzbauweise neu errichtet. Das heutige Gebäude ist eine Rekonstruktion aus dem 20. Jahrhundert, im Zuge derer es auch um einige Meter versetzt wurde.

Moorland Mýrar

Wenn der Himmel im tiefen Azurblau erstrahlt, offenbart sich die ganze Pracht des Moorlandes: Flechten und Moose auf den Steinen präsentieren sich als Mikrokosmos des Lebens mit hübschen Mustern und knalligen Farben. Tümpel und Teiche verwandeln sich in Spiegel der grünen Hügel. Überall gurgelt und plätschert es. Dieses Marschland bietet viel Nahrung für Vögel wie etwa den Seeadler, und so ist die Gegend bei Ornithologen beliebt, die nach den Greifvögeln Ausschau halten. Im Herbst und Frühjahr ist es eine Anlaufstelle für Zugvögel. Eine der größten Kolonien von Küstenseeschwalben findet sich hier ebenso wie die Gelege von Eismöwen. Es lohnt sich also, das Fernglas einzupacken.

Unterwegs in der Mýrasýsla und der Borgarfjarðarsýsla

So weit die Snæfellsnes-Halbinsel nach Westen ins Meer hinausragt, so weit reicht der Bezirk Mýrasýsla auf der anderen Seite ins Hochland hinein, nämlich bis zu den Eismassen des Langjökull. Südlich davon bildet zwischen Borgarfjörður und Hvalfjörður der Bezirk Borgarfjarðarsýsla den Übergang zur Hauptstadtregion um Reykjavík.

Eine feste Trutzburg mit bestem Blick über das Umland: Der kalte Kraterring des Eldborg erinnert an mittelalterliche Verteidigungsstrategien.

*** Eldborg** Eldborg bedeutet im Isländischen »Feuerburg«, für Geologen sind es Schweißschlackenkegel oder Lavaringe. Einer der formschönsten ist der Eldborg í Hnappadal nördlich von Borganes. Kurz bevor die Straße auf die Halbinsel Snæfellsnes abbiegt, fährt man durch das Lavafeld Eldborgarhraun, aus dem der gut 200 Meter hohe Lavaring herausragt. Schon im Landnahmebuch wird die Feuerburg an dieser Stelle erwähnt, damals glaubte man noch, dass sie erst vor Kurzem ausgebrochen sei. Doch Geologen fanden heraus, dass der letzte Ausbruch, bei dem auch das Lavafeld entstand, schon mindestens 5000 Jahre zurückliegt. Den Hauptkrater mit einem Durchmesser von rund 200 Metern hat heute schon teilweise die Vegetation erobert. Am einfachsten lässt sich der Lavaring von der Südseite, vom Hof Snorrastaðir aus erklimmen, auch eine Umrundung des Kraterrandes ist beliebt.

***** Hraunfossar** Von der Ringstraße bei Borganes führt ein Abstecher in das grüne, landwirtschaftlich genutzte und von sanften Hügeln eingeschlossene Reykholtsdalur. An mehreren Stellen treten heiße Quellen an die Oberfläche und versorgen die Bauern mit Energie. Nahe dem kleinen Ort Húsafell befindet sich das Lavafeld Hallmundarhraun mit den größten isländischen Höhlen. Doch die schönste Sehenswürdigkeit sind die Hraunfossar. Auf rund einem Kilometer Länge ergießen sich Dutzende kleine Wasserfälle, die unter dem Lava-

Im Inneren wirkt der Eldborg-Krater vergleichsweise harmlos.

feld Hallmundarhraun hervorquellen, in den Fluss Hvítá. Grund ist, dass der obere Teil des steilen Flussufers aus wasserdurchlässiger Lava, der untere aus wasserundurchlässigem Basalt besteht. Wasser, das durch die Lava sickert, fließt unterirdisch auf der Basaltschicht, tritt dann am Steilufer der Hvítá aus und ergießt sich schließlich in Kaskaden in den Fluss.

**** Barnafoss** Die Luft ist erfüllt mit kleinen Tropfen, man kann die Wasserfälle fast riechen, bevor man endlich den Barnafoss erreicht. Den schönsten Blick auf die tosenden Fluten hat man von der kleinen Brücke über den Fluss Hvítá. Er ist weiß vor Schaum und Gischt, denn das Wasser hat hier ein schnelles Tempo drauf, Felsen und Engen sorgen für Stromschnellen und somit ein malerisches Bild.

*** Hvítá (Borgarfjörður)** Am Lavafeld Hallmundarhraun entspringen viele Bäche und Flüsschen, so auch der Strom Hvítá. Mit 117 Kilometern Länge ist er ein stattlicher Wasserweg und vereint viele kleine Gletscherrinnsäle und -ströme in sich. Deswegen gilt er auch als Sammelfluss. Bevor er sich in den Borgarfjörður ergießt, suchen Angler seine Ufer auf, denn er gilt als einer der besten Lachsflüsse Islands.

Lavahöhlen Viðgelmir und Surtshellir im Hallmundarhraun

Dass es in Island Trolle gibt, mag man gerne glauben, wenn man die Lavafelder von Hallmundarhraun besucht. Manche Formen sehen aus wie Strickmuster, andere sind nahezu perfekt kreisrund. So ist diese Landschaft tatsächlich auch nach dem Riesen Hallmund benannt, der in »Grettis Saga« auftaucht und gemeinsam mit Grettir dem Starken gekämpft haben soll. Eingeschlossene Luftblasen haben hier ein einzigartiges Höhlensystem erschaffen, zu den bekanntesten Grotten gehören Surtshellir und Stefánshellir, die beide mehr als dreieinhalb Kilometer lang sind. Manchmal ist das Wasser in den Höhlen bis in den Sommer hinein gefroren. Sehenswert ist zudem die Höhle Viðgelmir, in der das Gestein bunte Muster gezeichnet hat.

Wie Bindfäden strömen die Wasser der Hraunfossar auf breiter Front in den Fluss Hvítá.

Hraunfossar

Blau leuchtet das Wasser der Hvítá, in das die Hraunfossar strömen; die Farbe wechselt in immer wieder andere Töne. Je nach Jahreszeit, Wolkendecke und Sonnenlicht reicht das Spektrum von Grau und irisierend Türkis über Weißblau bis zu dunklem Marineblau. Auch die Stärke der »Lave-Wasserfälle« schwankt. Zum Fliegenfischen aber scheint das Wasser immer geeignet zu sein.

***** Borgarnes** Die gesamte Region um den Borgarfjörður verdankt ihren Aufschwung in den letzten Jahren vor allem den Hochschulzentren in Bifröst und Hvanneyri. Ein wichtiges Handels- und Dienstleistungszentrum sowie Verkehrsknotenpunkt zwischen der Hauptstadt und dem Norden ist der geschichtsträchtige Hauptort Borgarnes. Schon in der »Egils Saga« taucht der Ort auf, allerdings unter dem Namen Digranes. In der Stadtmitte liegt ein kleiner Park mit einem Grabhügel, unter dem Egills Vater, wie bei den Wikingern üblich, mit Pferd und Waffen begraben liegt. Das örtliche Museumszentrum beherbergt ein Naturkunde-, Heimat- sowie Kunstmuseum. In Borg à Mýrum, einem Hof westlich von Borgarnes, wurde der berühmte Skaldendichter Egill Skallgrímsson geboren. Vor der kleinen Kirche erinnert die Skulptur »Klage um den Sohn« von Ásmundur Sveinsson an den Dichter und seinen Sohn.

**** Akranes** Durch den 1998 eröffneten Tunnel unter dem Hvalfjörður hat sich die Fahrzeit von Akranes in die Hauptstadt Reykjavík deutlich verkürzt und dem Ort einen Aufschwung beschert. Laut Landnahmebuch waren zwei irische Brüder die ersten Siedler in Akranes, an die Wurzeln der Stadt erinnern im Juli die irischen Tage. Akranes liegt an einem langen Sandstrand, besitzt eine Kirche von 1896, ein altes Hafenviertel und auf der Landzunge zwei Leuchttürme. Östlich des Zentrums liegt das Museumsgelände Garðar mit einem der größten Regionalmuseen des Landes. Zu sehen gibt es eine umfangreiche Mineraliensammlung, eine Ausstellung zum Bau des Hvalfjörður-Tunnels, das isländische Sportmuseum, verschiedene Schiffsmodelle, eine Schmiede und das älteste Holzhaus des Ortes. Vom nahen Akrafjall, den man in gut einer Stunde besteigen kann, bietet sich eine weite Aussicht.

Mit 196 Metern Fallhöhe ist der Glymur der zweithöchste Wasserfall des Landes.

Sogar ein Golfplatz ist bei Borgarnes zu finden.

Blick auf Akranes, die größte Stadt im Westen Islands.

***** Glymur** Lange konnte er einen Superlativ für sich beanspruchen – bis zur Entdeckung des Morsárfoss im Vatnajökull-Nationalpark 2007 galt der Glymur als Islands höchster Wasserfall. Ganze 196 Meter stürzen sich die Wassermassen über die fast scharfkantige Schlucht in die Tiefe. Sein Name bedeutet übersetzt »der Tosende«, und tatsächlich macht er diesem Begriff alle Ehre. Er ist nicht mal so eben mit dem Auto erreichbar, ganze drei Stunden sollten Wanderer für den Hin- und Rückweg einplanen. Zwei Wanderwege führen hier zum Ziel, sie sind mit gelben Steinen markiert. Teilweise aber tun sich sehr steile Abgründe direkt am Wegesrand auf, dann reicht der Blick zehn Meter in die Tiefe, in der sich der Fluss Botnsá seinen schäumenden Weg durch die Felsen sucht. Wer hier wandert, sollte schwindelfrei sein. Einige Aussichtspunkte garantieren unterwegs schöne Blicke auf den Wasserfall.

Der 2000-Einwohner-Ort Borgarnes bildet mit Geschäften, Hotels und Restaurants den Mittelpunkt der Region.

Hvalfjörður

Wer im kargen Norden lebt, mit kurzen Vegetationsperioden, hat nicht viel Auswahl auf der Speisekarte. So nimmt es kaum Wunder, dass Walfleisch jahrhundertelang zum Alltag auf der Insel gehörte. Der Hvalfjörður heißt übersetzt nicht umsonst »Walfjord«, hier blühte einst Islands Fischereiwirtschaft. Bis in die 1980er-Jahre war der Fjord Zentrum der Walfischerei. Davon zeugen die riesigen Trantanks sowie Zugwinden und Stege. Noch heute werden hin und wieder Großsäuger per Schiff in den Hafen geschleppt – ein umstrittener Vorgang, der mit Forschungszwecken erklärt wird. Da der Fjord auch der tiefste Islands ist, war er zudem Stützpunkt für die Kriegsmarine. Der heute verlassene Hof Hvítanes gilt als Zeuge jener Zeit. Jenseits der Historie lohnen sich aber auch Abstecher zur weißen Holzkirche Saurbær.

Glymur

Nicht allzu weit von Reykjavík entfernt liegt der zweithöchste Wasserfall Islands. Um das eindrucksvolle Naturschauspiel erleben zu können, muss man sich auf eine Wanderung entlang von Lupinenfeldern, durch Birkenwald und Höhlen sowie über wackelige Holzbrücken begeben. Doch die Mühe lohnt sich, denn die Aussicht von hoch oben hinunter zu den Wassermassen ist unvergleichlich.

Die schönsten Reiserouten

Island bietet auf kleinem Raum sehr viel Natur und Kultur: gewaltige Basaltberge, weite Lavafelder, riesige Gletscher, mäandernde Gletscherflüsse und tosende Wasserfälle, spektakuläre Küsten und Steilklippen, daneben aber auch grüne Wiesen, ruhige Seen und flache Flussläufe. Die Orte inmitten dieser gewaltigen Naturlandschaften warten mit attraktiven Museen, geschichtsträchtigen Stadtkernen und viel Sehenswertem auf. Die nachfolgenden vier Routen umfassen die Ringstraße, den Goldenen Ring, das Hochland und die Westfjorde. Bild: Polarlichter unter freiem Himmel bewundern? In Island ist an vielen Stellen Wildcampen erlaubt.

Grönlandsee

Ísafjarðardjúp
925
Drangajökull
Ísafjörður
Vigur
Þingeyri
Patreksfjörður
4
Brjánslækur
Hólmavík
Drangsnes
Húnaflói
Flatey
Breiðafjörður
Stykkishólmur
Borðeyri
Anastapi
Borgarnes
Faxaflói
Reykjavík
Kevlavík
2
Selfoss
Þingvellir
Geysir
Gullfoss
Húsafell
1420
Langjökull
Hveravellir
Blönduós
Varmahlíð
Akureyri
Húsavík
Ásbyrgi
Reykjahlíð
Mývatn
3
Askja
ISLAND
1800
Hofsjökull
Nýidalur
Þjórsá
Kverkfjöll
1929
Vatnajökull
1
Egilsstaðir
Djúpivogur
Höfn
Öræfajökull
2119
Skaftafell
1491
Hekla
Mýrdalsjökull
Skeiðarársandur
Vík

ATLANTISCHER OZEAN

Routenübersicht

Route 1: Ringstraße
Route 2: Goldener Ring
Route 3: Hochland-Route
Route 4: Snæfellsnes und Westfjorde

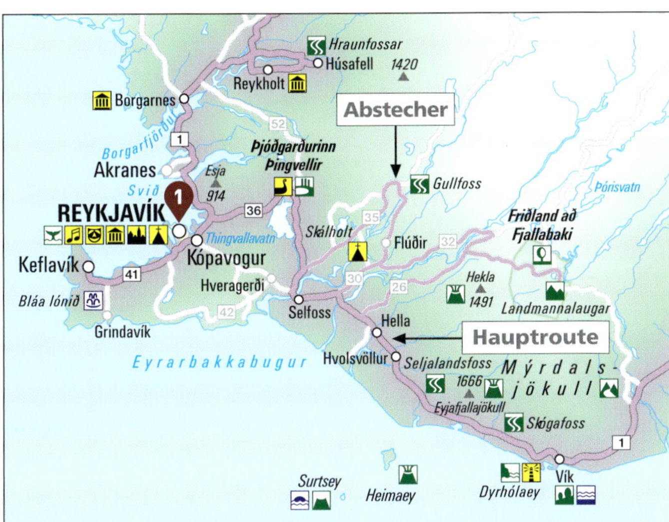

Schwarzer Lavasand am Strand Reynisfjara bei Vík í Mýrdal im Süden der Insel.

Der »goldene Wasserfall« Gullfoss gehört zu Islands bekanntesten Sehenswürdigkeiten.

Legende

Herausragende Naturlandschaften und Naturmonumente

- Gebirgslandschaft
- Felslandschaft
- Schlucht/Canyon
- Vulkan erloschen
- Vulkan aktiv
- Geysir
- Höhle
- Gletscher
- Flusslandschaft
- Wasserfall/Stromschnelle
- Seenlandschaft
- Naturpark
- Nationalpark (Landschaft)
- Nationalpark (Kultur)
- Whale watching
- Küstenlandschaft
- Strand
- Insel

Herausragende Metropolen, Kulturmonumente und -veranstaltungen

- Wikinger
- Christliche Kulturstätte
- Historisches Stadtbild
- Technisches/industr. Monument
- Sehenswerter Leuchtturm
- Denkmal
- Feste und Festivals
- Museum
- Theater

Sport- und Freizeitziele

- Golf
- Skigebiet
- Seehafen
- Hochseeangeln
- Mineralbad/Therme
- Lodge

Route 1: Ringstraße

Umrundet man Islands längste Fernstraße, erfährt man die Landschaft der Insel mit ihren zerklüfteten Künstenlinien, Wasserfällen, heißen Quellen und Vulkanen hautnah. Abzweigungen führen in pittoreske Städte wie Vík, Höfn oder Akureyri, in Nationalparks wie den Vatnajökull, zu Gletscherseen wie den Jökulsárlón und Fjorden wie Álftafjörður und Seyðisfjörður. Abstecher führen ins Hochland im Landesinneren.

Routensteckbrief

Routenlänge: ca. 1330 km (ohne Abstecher)
Zeitbedarf: mindestens 8–10 Tage
Reykjavík → **Vík** 200 km → **Kirkjubæjarklaustur** 75 km → **Höfn** 203 km → **Egilsstaðir** 168 km → **Mývatn** 175 km → **Akureyri** 79 km → **Blönduós** 144 km → **Reykholt** 175 km → **Borgarnes** 40 km → **Reykjavík** 75 km

Obwohl man die etwa 1300 Kilometer lange Strecke auch in wenigen Tagen schaffen kann, sollte man sich für einen Roadtrip auf Islands Ringstraße mindestens eine Woche Zeit nehmen. Denn bereits nach wenigen Fahrminuten möchte man wieder anhalten und die atemberaubende Natur auf Foto oder Video festhalten oder einfach in die Erinnerung einbrennen. Vor der Abfahrt sollte man sich unbedingt über Tankstellen informieren: Diese gibt es in jeder größeren Siedlung, doch gerade bei schlechtem Wetter oder im Winter sollte der Benzinvorrat vorausschauend kalkuliert sein. Am besten sucht man sich auch einige Sehenswürdigkeiten heraus, die man anfahren möchte, und besucht weitere einfach auf der Strecke.

Beliebter Startpunkt der Rundfahrt ist Reykjavík. Von hier aus geht es gegen den Uhrzeigersinn Richtung Südosten. Erstes Highlight ist der Goldene Ring (siehe Route 2), und ein erster Abstecher kann bereits eine Fahrt zur »Blauen Lagune« ganz im Südwesten sein. Zahlreiche Wasserfälle (Gullfoss, Skógafoss, Seljalandsfoss) erwarten einen dann auf dem Weg gen Süden. Eine Wanderung zum Eyjafjallajökull-Vulkan kann ab dem Skógafoss unternommen werden. Rund um das Städchen Vík an der Südküste reihen sich weitere Naturwunder: Dyrhólaey bietet einen spektakulären Blick auf die Südküste und ist zudem ein Vogelparadies. Außerdem sollte man den wunderschönen Strand und die Felsformation Reynisdrangar nicht verpassen. Bald erblickt man ihn dann – Islands größten Gletscher, den Vatnajökull.

Die Weiterfahrt führt nach Kirkjubæjarklaustur, von wo aus man die Schlucht Fjaðrárgljúfur erkunden kann oder direkt in den Nationalpark Skaftafell weiterreist: Grüne Ebenen grenzen hier an den gigantischen Gletscher. Sehenswert ist der Svartifoss. Aber auch Gletscherwanderungen im Vatnajökull versprechen einmalige Erlebnisse.

Eisig geht es weiter: Ein Höhepunkt auf der Strecke ist die Eislagune Jökulsárlón. Hier können Bootsfahrten inmitten der Eisberge unternommen werden.

Das Fischerdorf Höfn ist ein oft frequentierter Halt im Osten Islands. Von hier sind Ausflüge in die Berge und zu den Fjorden möglich. Mit viel Glück begegnet man im Umland auch Rentieren. Die Stadt Egilsstaðir liegt direkt beim großen Wald von Hallormsstaður; viele zieht es zum Zelten ins nahe gelegene Atlavík. Von Egilsstaðir führt die Straße 93 über ein Hochplateau. Die Aussicht auf den Seyðisfjörður ist einfach einmalig.

Und schon nähert sich die Ringstraße dem bergigen Norden. Hier gibt es eine ganze Reihe an Sehenswertem. Bevor man den Mývatn-See ansteuert, lohnt es sich, die Hauptstraße für Abstecher zum gewaltigen Dettifoss und zur Schlucht Ásbyrgi zu verlassen. Der schöne Mývatn wartet dann mit einzigartiger Natur auf, darunter heiße Quellen, Thermalbäder, Höhlen oder der Vulkan Askja. Zudem gilt der See als Vogelparadies.

Ein weiterer Besuchermagnet auf der Strecke ist der Goðafoss. Die Kulturstadt des Nordens, Akureyri, bietet tolle Gelegenheiten zum Walbeobachten.

Ein kleiner Abschnitt der Ringstraße schließt den Westen Islands ein: Hier wandelt man auf den Spuren des Snorri Sturluson, dem ein Forschungszentrum in Reykholt gewidmet ist. Faszinierend sind außerdem der Vulkankrater Grábrók, das Borgarfjörður-Gebiet sowie die Hraunfossar. Um die Westfjorde oder die Snæfellsnes-Halbinsel zu bereisen, verlässt man die Ringstraße gänzlich (siehe dazu Route 4).

Bevor man wieder in Reykjavík ankommt, ist das schmucke Städtchen Borgarnes noch einen gesonderten Halt wert.

Am Seljalandsfoss kommt man vorbei, wenn man auf der Ringstraße zwischen Hvolsvöllur und Skógar unterwegs ist.

❸ Hraunfossar Vor Reykjavíks Toren tritt ein unterirdischer Fluss urplötzlich auf über einem Kilometer Länge zutage und ergießt sich in wildrauschenden Kaskaden über eine Basaltstufe hinab in den Gletscherfluss Hvítá. Unweit flussaufwärts dieser »Lava-Wasserfälle« befindet sich der nicht minder reizvolle Barnafoss (»Kinderfall«), um den sich eine schaurige Sage rankt: Zwei Kinder sollen hier von einem Steinbogen gestürzt und ertrunken sein.

❹ Mývatn Der See entstand vor wenigen 1000 Jahren, als Lavadämme Quellwasser aufstauten. Er ist stolze 37 km² groß, extrem flach und mit einer ungewöhnlich reichen Flora und Fauna ausgestattet.

❺ Herðubreið/Askja Westlich des Flusses Jökulsá á Fjöllum tut sich eine überwältigende Landschaft auf, die sich nur mit einem Allradfahrzeug entdecken lässt. Der Anblick von Feuerbergen ist atemberaubend.

❶ Reykjavík In Islands Hauptstadt liegen alle Sehenswürdigkeiten nahe beisammen, etwa die Nationalgalerie und das Nationalmuseum, das Árni-Magnússon-Institut, das einige Saga-Handschriften verwahrt, das älteste Parlament der Welt und der lebhafte Hafen.

❷ Skaftafell Bis 2008 ein eigenständiger Nationalpark, ist das südlich bis zur Ringstraße reichende Gebiet heute Teil des Vatnajökull-Nationalparks. Auf 1600 km² bietet es vielfältige landschaftliche Reize und dies vor der grandiosen Kulisse des Vatnajökull, der mehr Eismasse als alle Alpengletscher besitzt.

Wie eine Gruppe rauchender Schlote wirkt das Geothermalfeld bei Hveragerði. Aus vielen kleinen Kratern und Spalten tritt Wasserdampf aus.

Route 2: Goldener Ring

Die Nähe zu Reykjavík macht diese Route besonders attraktiv. Zu ihren Sehenswürdigkeiten zählen der Þingvellir-Nationalpark (UNESCO-Welterbe), das Geothermalkraftwerk bei Nesjavellir, das Geothermalgebiet Haukadalur mit seinen Geysiren, der Goldene Wasserfall (Gullfoss), die Skálholt-Kirche, eine der größten des Landes, und der Vulkankrater Kerið. Tagestouren von Reykjavík aus oder mehrtägige Aufenthalte bieten sich an.

Diese Strecke ist der Klassiker unter den Reiserouten auf Island. Da die Straßen gut ausgebaut sind, kann der Goldene Ring sommers wie winters von Reykjavík aus bequem mit dem Mietfahrzeug gemeistert werden. Attraktiv ist dieser Rundweg auch deshalb, weil man in wenigen Stunden bereits alle Höhepunkte angefahren hat, aber auch weitaus mehr Zeit an verschiedenen Orten verbringen kann.

Routensteckbrief
Routenlänge: ca. 240 km (ohne Abstecher)
Zeitbedarf: 1 Tag
Reykjavík → **Hveragerði** 47 km → **Kerið** 24 km → **Gulfoss** 56 km → **Strokkur** 10 km → **Þingvellir** 60 km → **Reykjavík** 47 km

Die kurze Variante ist gut 240 Kilometer lang und ohne Weiteres an einem Tag machbar. Zentrale Anfahrtspunkte sind der Þingvellir-Nationalpark, die Geysire im Geothermalgebiet Haukadalur und der Gullfoss. Diese Stammstrecke kann noch beliebig ausgebaut werden: Gleich nach dem Besuch des Geothermalgebiets ist Hveragerði ideal für Erkundungen des Kambar-Berghangs und der Lavafelder. Der Ort Selfoss bietet sich an, um das Waldgebiet von Hellisskógur zu erwandern. Weiter südlich, an der Küste, lohnt der kleine Ort Stokkseyri einen Besuch, in dem es viel Kulturelles zu entdecken gibt. Nördlich von Selfoss ist der Kerið-Kratersee ein weiteres Highlight der Strecke. Zwischen Gullfoss und Þingvellir sei noch der See Laugarvatn erwähnt. Von einem Aussichtspunkt spannt sich der Blick weit über das Umland. Zum Wandern und Trekking findet man hier ebenfalls einige schöne Routen. Außerdem bietet sich vom Parkplatz am Gullfoss ein Abstecher gen Südwesten auf die Straße 35 (Biskupstungnabraut) an. Von dort geht es in Heiði im Kreisverkehr abzweigend nach Friðheimar: Die Gemüsefarm baut hauptsächlich Tomaten an, veranstaltet Treibhausführungen und serviert äußerst leckere Gerichte. Im Sommer werden Pferdeshows aufgeführt.
Nachdem man sich also gestärkt hat, geht die Fahrt weiter Richtung Nordwesten zurück auf die Biskupstungnabraut. Der nächste Halt ist die 1963 eingeweihte Skálholtskirkja, wo man ebenfalls sehr gut speisen kann und die Kathedrale bewundert.
Auf der Strecke vom Þingvellir-Nationalpark Richtung Reykjavík kann man die sogenannte Nesjavallaleið befahren. Vom Nationalpark ausgehend, hält man sich zunächst westlich, dann südöstlich, bis man in Nesjavallavegur ankommt. Über die Straßen 49 und 41 geht es dann zurück in die Hauptstadt. Obwohl sich hier keine der großen Sehenswürdigkeiten des Goldenen Rings verbergen, lohnt sich die Route allein wegen der wunderschönen Natur.

5 Þingvellir Zwischen 930 und 1262 war die sommerliche Generalversamlung Alþing im Þingvellir Islands oberste Legislative und Judikative. Der heutige von einem aktiven Vulkansystem umgebene Nationalpark war damals das Zentrum des Landes und der Kultur.

4 Þingvallavatn Umgeben von vier aktiven Vulkansystemen liegt dieser See im sog. Þingvellir-Graben. Er ist vermutlich 12 000 Jahre alt und mit fast 84 m^2 Islands größter Natursee. Viele Fischer wissen das Vorkommen von Seesaibling und Forelle zu schätzen.

3 Strokkur Im Thermalgebiet von Geysir (nach dem alle geothermischen Springquellen benannt sind) beeindruckt die Heißwasserfontäne Strokkur (»Butterfass«). Alle 5 bis 10 Minuten bläst sie eine bis zu 25 Meter hohe kochende Wassersäule in den Himmel.

1 Kerið Der türkisblaue Kratersee befindet sich unweit der Straße auf einem grasbewachsenen Hügel. Er zählt zu den Top-Touristenattraktionen des Südens. Gegen einen kleinen Geldbetrag kann man ihn besichtigen.

2 Gullfoss Der »Goldene Wasserfall« ist der wohl bekannteste ganz Islands. Die Wassermassen des Gletscherflusses Hvítá ergießen sich spektakulär in eine 32 Meter tiefe Schlucht. Ein modernes Besucherzentrum befindet sich in der Nähe der Kaskaden.

Route 3: Hochland-Route

Das isländische Hochland hält für Besucher viel bereit: Húsavík und Akureyri bieten Kulturelles wie Geschichtliches, und die Natur im Umland besticht mit Superlativen: gewaltige Gletscherflüsse und Europas mächtigster Wasserfall, eine farbenfrohe Bergwelt sowie beliebte Wander- und Trekkingrouten oder der zweitgrößte Gletscher Islands. Dieser hochempfindliche Naturraum ist nur an wenigen Monaten im Jahr zugänglich.

Routensteckbrief
Routenlänge: ca. 1425 km (ohne Abstecher)
Zeitbedarf: mindestens 8 Tage
Reykjavík → **Selfoss** 60 km → **Landmannalaugar** 125 km → **Aldeyjarfoss** 220 km → **Reykjahlíð** 90 km → **Sigurðarskáli** 175 km → **Dettifoss** 170 km → **Húsavík** 90 km → **Goðafoss** 47 km → **Akureyri** 35 km → **Blöndulón** 165 km → **Hveravellir** 40 km → **Hvítárvatn** 55 km → **Gullfoss** 35 km → **Þingvellir-Nationalpark** 70 km → **Reykjavík** 47 km

Für die Tour durch das isländische Hochland sollte man mindestens acht Tage einplanen. Die Hochlandstraßen sind – je nach Witterungsverhältnissen – im Durchschnitt von Mitte Juni bis Mitte September für den Verkehr geöffnet und zum Teil nur mit Allradfahrzeugen befahrbar. Informationen über aktuelle Straßenverhältnisse gibt es beim isländischen Straßenverkehrsamt (www.road.is), die aktuelle Wetterlage findet man unter en.vedur.is. Auch hinsichtlich Tankstellen sollte man sich unbedingt vorab informieren und eine Kreditkarte dabeihaben.

Fährt man von Reykjavík ins Landesinnere Richtung Osten (Straße 26), kommt nach rund 80 Kilometern der Vulkan Hekla in Sicht. Nach wenigen weiteren Kilometern führt eine Abzweigung ins unbewohnte Hochland der Landmannalaugar. Weite Lavafelder und kristallblaue Seen inmitten bunt schillernder Berge machen die sagenhafte Landschaft dieser Gegend aus. Besonders für Wanderer ist das Naturschutzgebiet regelrecht ein Paradies. Folgt man der Straße 26 weiter Richtung Norden, befindet man sich bald auf der Sprengisandur-Hochlandpiste (F 26). Die Wüste aus Stein und schwarzem Sand erstreckt sich zwischen den Gletschern Vatnajökull und Hofsjökull vorbei am Vulkan Askja bis zum Wasserfall Aldeyjarfoss am nördlichen Ende.

Weiter Richtug Norden befährt man einen Teil der Ringstraße gen Osten, vorbei am »Mückensee« Mývatn (siehe Route 1), die man nach weiteren rund 60 Kilometern wieder verlässt: Zunächst lohnt ein Abstecher in die Bergkette des Kverkfjöll (Abzweigung zur 88). Von hier aus locken Wanderungen zu heißen Quellen, Eishöhlen oder zum Gletscher Vatnajökull. Als Ausgangspunkt bietet sich die Hütte Sigurðarskáli an. In die andere Richtung geht es weiter auf der Hochland-Route und entlang des Flusslaufs der Jökulsà a Fjöllum zu den drei legendären Wasserfällen: Hier stürzt sich der längste Fluss Islands etappenweise in die Tiefe. Besonders die tosenden Wassermassen des Dettifoss geben – neben Selfoss und Hafragilsfoss – ein gigantisches Naturschauspiel zum Besten. Alle drei Wasserfälle sind Teil des Jökulsárgljúfur-Nationalparks, dessen Landschaft durch Vulkanausbrüche und Gletscherströme geformt wurde. Beeindruckend ist hier die hufeisenförmige Schlucht Ásbyrgi, ein einsamer und verwunschener Ort, der in Island auch als Hauptstadt der Elfen bekannt ist.

Weiter geht es an die Nordküste, und begleitet von spektakulären Ausblicken gelangt man zum Fischerörtchen Húsavík. Bevor man in der nördlichen Metropole Akureyri ankommt, ist ein Stopp am Goðafoss lohnenswert.

Die Hochlandstraße Kjölur 35 (die nach rund 120 Kilometern von der Ringstraße 1 nach links abzweigt) führt allmählich wieder nach Süden – anfangs auf sandigen Straßen und später mit herrlichem Blick auf den See Blöndulón. Kurz vor dem Geothermalgebiet Hveravellir, das mit seinen heißen Quellen als Badestopp überaus beliebt ist, tauchen allmählich die Gletscher Langjökull und Hofsjökull am Horizont auf. Ein Abstecher ins »Altweibergebirge« Kerlingarfjöll lohnt sich, bevor es weitergeht zum Gletschersee Hvítárvatn.

Die beiden nächsten Stopps – der gigantische Gullfoss und der beeindruckende Große Geysir befinden sich am Goldenen Ring (siehe auch Route 2). Unberührte Natur, bevor man wieder in Reykjavík ankommt, verspricht auch der Þingvellir-Nationalpark.

Ein einsamer Wanderer im Thermalgebiet Kerlingarfjöll.

4 Akureyri Die Metropole des Nordens liegt malerisch am Eyjafjörður. Sehenswert sind u.a. die von Guðjón Samuelsson entworfene Hauptkirche und der Botanische Garten mit mehreren Tausend Pflanzenarten. Polarlichter lassen sich hier auch wunderbar beobachten.

3 Húsavík Die an der Skjálfandi-Bucht gelegene Stadt eignet sich sehr gut für Ausflüge in die Region des Mývatn. Heiße Quellen laden zum Entspannen ein, Wal- und Vogelbeobachtungen zum Entdecken der Fauna des Nordens.

5 Langjökull Er ist einer der Eisriesen Islands (953 km²), die leider allmählich schrumpfen. Eine Touristenattraktion ist die Langjökull-Eishöhle, die faszinierende Einblicke ins Innere des Gletschers gewährt.

2 Dettifoss Mit einer Breite von ca. 100 Metern, einer Höhe von 45 Metern und einer Schüttung von bis zu 1500 m³/sek ist er der mit Abstand mächtigste Wasserfall Europas.

1 Landmannalaugar Durch dieses äußerst farbenreiche Berggebiet zieht sich eine Lavazunge, heiße Quellen bilden eine Oase inmitten dieser unwirklichen Landschaft. Bei Wanderern sehr beliebt ist u.a. der Trekkingweg Laugavegur.

Malerisch präsentiert sich die einsame Insel Flatey im Sonnenlicht.

Route 4: Snæfellsnes und Westfjorde

Diese abgelegene Gegend Islands zieht Erholungsuchende wie Abenteurer gleichermaßen an. Die Natur ist hier vielleicht am ursprünglichsten. Kleine Siedlungen wie Bolungarvík, Bildudalur oder Drangsnes sind reizvolle Übernachtungsmöglichkeiten. Ansonsten wird hier gern in freier Natur gezeltet. Unzählige Wasserfälle, Geysire und heiße Quellen, dazu Vogelparadiese und einsame Küstenabschnitte offenbaren das wildromantische Island. Die Snæfellsnes-Halbinsel vereint all dies auf kleinster Fläche.

Zahlreiche Fjorde ragen im nördlichen Westen Islands ins Landesinnere und sorgen für ein einzigartiges Landschaftsbild. Um diese ruhige und ursrpüngliche Gegend zu erkunden, müssen einige Kilometer zurückgelegt werden. Mindestens acht Tage sollte man einplanen.

Idealer Startpunkt ist der an der Ringstraße gelegene Ort Borgarnes. Bevor man sich dem Westen nähert, empfiehlt sich ein Abstecher zu den Lavawasserfällen Hraunfossar und Barnafoss sowie zu der Deildartunguhver, der ergiebigsten Heißwasserquelle Islands.

Routensteckbrief
Routenlänge: ca. 800 km (ohne Abstecher)
Zeitbedarf: mindestens 8 Tage
Borgarnes → **Hellnar** 120 km → **Grundarfjörður** 70 km → **Stykkishólmur** 39 km → **Flatey** 40 km (Fähre) → **Brjánslækur** 22 km (Fähre) → **Látrabjarg** 88 km → **Dynjandi** 130 km → **Ísafjörður** 53 km → **Reykjanes** 135 km → **Hólmavík** 89 km → **Drangsnes** 31 km → **Borgarnes** 230 km

Auf der Halbinsel Snæfellsnes bietet die Küstenwanderung von Anastapi nach Hellnar ein Fotomotiv nach dem anderen: Der Lavasteinbogen Gatklettur und das Bárður verschmelzen perfekt mit der einmaligen Meereskulisse und dem Gletscher Snæfellsjökull. Ein paar Kilometer weiter südlich ziehen die Lóndrangar, zwei Vulkanschlote, Besucher in ihren Bann und auf der gegenüberliegenden Seite, am Grundarfjörður, kann man sich gar nicht sattsehen am Naturschauspiel des Kirkjufell.

Den nördlichsten Punkt der Halbinsel bildet Stykkishólmur. Eine Fähre setzt täglich auf die gemütliche Insel Flatey über. Im Winter wohnen hier nicht einmal zehn Personen, es gibt ein Hotel, ein Restaurant und Café. Autos sind auf Flatey verboten, können jedoch (gegen Vorreservierung und ohne Aufpreis) direkt nach Brjánslækur überführt werden. Von dort erreicht man nach rund 90 Kilometern Fahrt den Vogelfelsen Látrabjarg, der 14 Kilometer lang ist und sich bis zu 400 Meter aus dem Meer erhebt. Unzählige Vögel sind hier zu Hause – vor allem Papageitaucher. Ein echter Geheimtipp ist der zehn Kilometer lange Sandstrand Rauðisandur am Patreksfjörður, dessen rötlicher Sand bei bestimmter Lichteinstrahlung die Bucht zum Leuchten bringt.

Weiter geht es Richtung Norden – zunächst bis zum Dynjandi, dem größten Wasserfall der Westfjorde. In der Gegend des Dýrafjörður ist der Halt im kleinen Dorf Þingeyri geradezu ein Muss, Ísafjörður, die größte Stadt der Westfjorde, ist bekannt für ihre Fischerei, Bolungarvík besticht durch den Kontrast aus malerischem Fischerdorf und gigantischer Berglandschaft. Von Ísafjörður aus gelangt man nach einer 30-minütigen Bootsfahrt zur Insel Vigur im Ísafjarðardjúp. Kaum andernorts gibt es so viele verschiedene Vogelarten zu beobachten wie hier. In der Ferne erhebt sich der Gletscher Drangajökull auf der Halbinsel Hornstrandir. Eine Wanderroute führt von der Bucht Kaldalón aus durch das flache Gletschertal bis zur Gletscherzunge.

Nun geht es wieder langsam Richtung Südosten. Als Zwischenstopp empfiehlt sich der große Pool Reykjanes, bevor man in Hólmavík am Steingrímsfjörður allerlei zu isländischer Magie und Hexerei erfährt. Im 33 Kilometer entfernten Drangsnes laden drei Hotpots direkt am Ufer des Fjords zu einem entspannenden Bad ein. Von hier lohnt auch ein Abstecher nach Djúpavík am Reykjarfjörður, ein einsam gelegenes Örtchen, das durch seine Heringsfabrik einst großes Ansehen genoss. Auf der Fahrt zurück nach Borgarnes will noch das Panorama entlang des Hrútafjörður bestaunt werden.

3 Látrabjarg Besonders Vogelfreunden sind die Klippen im äußersten Westen Islands ein Begriff. Der »Vogelfelsen« in den 400 Meter hohen Steilklippen schützt Seevogel-Kolonien, unter ihnen Papageitaucher, Lummen und Tordalken.

4 Hornstrandir Das Naturschutzgebiet ist eine der abgelegendsten Gegenden der Insel. Besucher befinden sich hier meist auf Privatgrund. Verpflegung und Zelte müssen mitgebracht werden. Naturerlebnisse pur sind das Programm.

2 Dynjandi Nach unten hin werden sie immer breiter, die sich über die Dynjandisheiði auf zahllosen Stufen mehr als 100 Meter tief ergießenden Wasserfälle. Entstanden sind sie während der letzten Eiszeit. Das Gebiet hier ist wenig touristisch erschlossen.

1 Bolungarvík Obwohl dieser Ort kein Übermaß an touristischen Attraktionen hat, sind dennoch der Hafen, das Naturkundemuseum, das Maritim-Museum sowie Kunsthandwerks- und Souvenirläden einen Besuch wert.

5 Kirkjufell Das vielleicht bekannteste Fotomotiv Islands ist dieser 463 Meter hohe Berg mit seinen nahe gelegenen Wasserfällen. Ein Campingplatz bietet Übernachtungsmöglichkeiten in diesem idyllischen Naturraum.

Reiseatlas Island

Die Karten auf den nachfolgenden Seiten zeigen Island im Maßstab 1 : 800 000. Die geografischen Details werden durch eine Vielzahl touristischer Informationen ergänzt – etwa das ausführlich dargestellte Verkehrsnetz oder Piktogramme, die die Lage und Art aller wichtiger Sehenswürdigkeiten und Freizeitziele angeben. Ein Ortsnamenregister erleichtert das Auffinden von Städten und Regionen. Bild: Der 764 Meter hohe Lómagnúpur im Süden Islands.

ZEICHENERKLÄRUNG

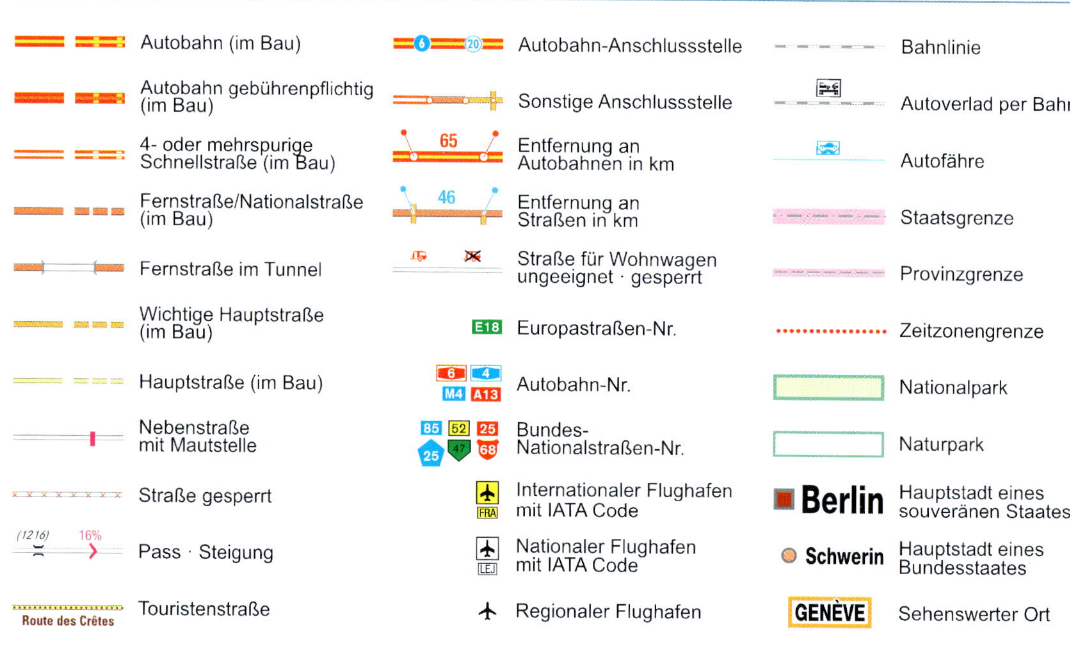

BESONDERE SEHENSWÜRDIGKEITEN

Herausragende Naturlandschaften und Naturmonumente

- UNESCO-Weltnaturerbe
- Gebirgslandschaft
- Felslandschaft
- Wüsten-, Dünenlandschaft
- Seenlandschaft
- Küstenlandschaft
- Flusslandschaft
- Schlucht/Canyon
- Depression
- Gletscher
- Vulkan, erloschen
- Vulkan, aktiv
- Geysir
- Wasserfall/Stromschnelle
- Höhle
- Fossilienstätte
- Nationalpark (Landschaft)
- Nationalpark (Flora)
- Nationalpark (Fauna)
- Nationalpark (Kultur)
- Biosphärenreservat, Waldgebiet
- Naturpark
- Botanischer Garten
- Schmetterlingsfarm
- Zoo/Safaripark
- Vogelschutzgebiet
- Wildreservat
- Schutzgebiet Seehunde
- Insel
- Strand
- Unterwasserreservat
- Quelle

Herausragende Metropolen Kulturmonumente & -veranstaltungen

- UNESCO-Weltkulturerbe
- Vor- und Frühgeschichte
- Römische Antike
- Wikinger
- Keltische Geschichte
- Prähistorische Felsenbilder
- Kirche/Kloster allgemein
- Kirchen-, Klosterruine
- Romanische Kirche
- Gotische Kirche
- Renaissance Kirche
- Barocke Kirche
- Byzantinisch/orthodoxe Kirche
- Islamische Kulturstätte
- Moschee
- Synagoge
- Kulturlandschaft
- Historisches Stadtbild
- Burg/Festung/Wehranlage
- Burgruine
- Palast/Schloss
- Technisches/industrielles Monument
- Spiegel- Radioteleskop
- Staumauer
- Bergwerk geschlossen
- Sehenswerter Leuchtturm
- Windmühle
- Wassermühle
- Herausragende Brücke
- Kriegsschauplatz/Schlachtfeld
- Grabmal
- Denkmal
- Mahnmal
- Sehenswerter Turm
- Herausragendes Gebäude
- Freilichtmuseum
- Markt/Basar
- Feste und Festivals
- Theater
- Weltausstellung

Berühmte Reiserouten

- Autoroute
- Hochgeschwindigkeitszug
- Bahnstrecke
- Schiffsroute

Sport- und Freizeitziele

- Hafen
- Arena/Stadion
- Rennstrecke
- Golf
- Pferdesport
- Skigebiet
- Windsurfen
- Wellenreiten
- Segeln
- Badeort
- Kanu/Rafting
- Freizeitbad
- Hallenbad
- Mineralbad/Therme
- Freizeitpark
- Spielcasino
- Aussichtspunkt
- Wandern/Wandergebiet

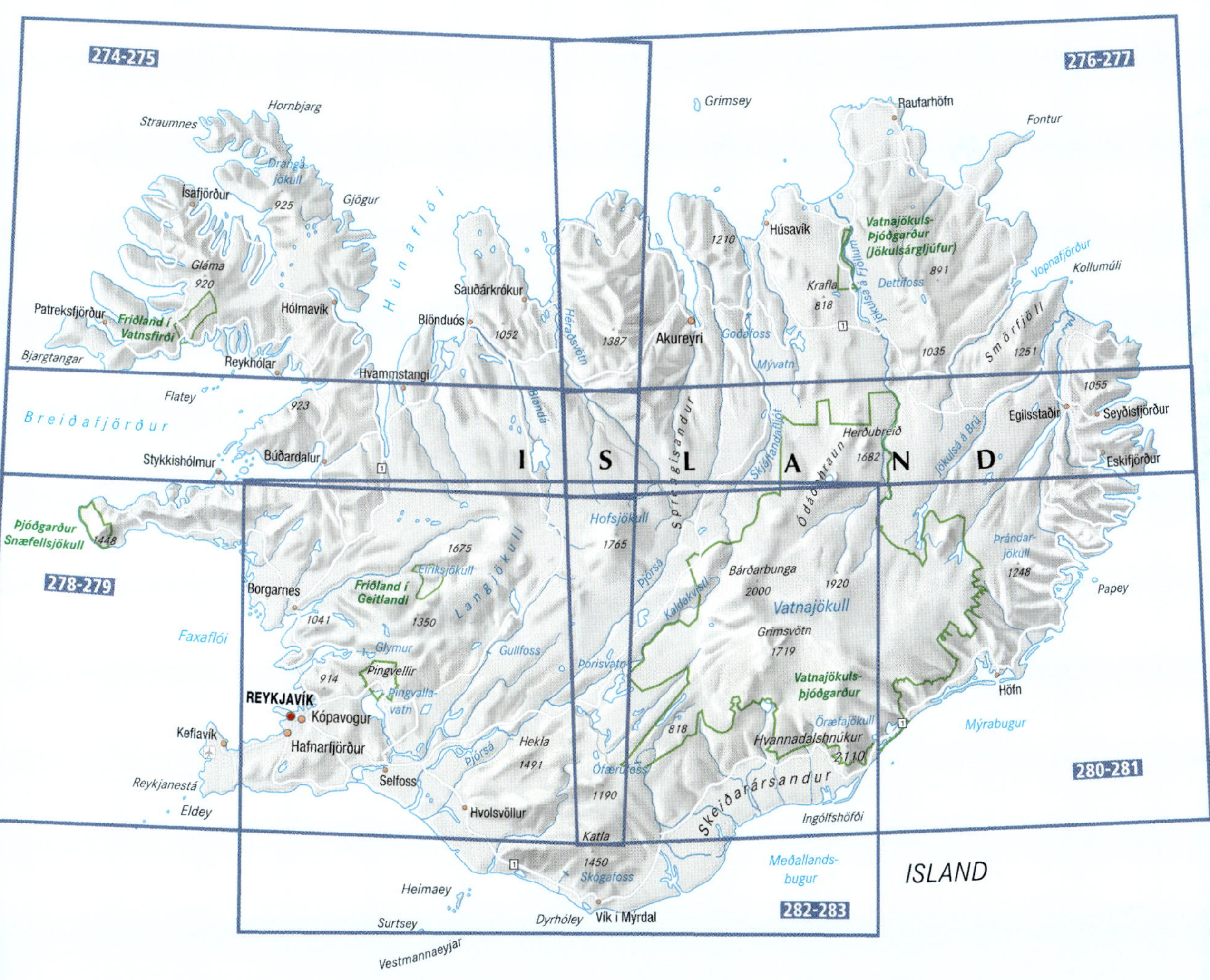

Kolbeinsey
274-275
276-277
278-279
280-281
282-283
Hornbjarg
Straumnes
Dranga-
jökull
925
Ísafjörður
Gjögur
Gláma
920
Patreksfjörður
Friðland í
Vatnsfirði
Hólmavík
Bjargtangar
Reykhólar
Húnaflói
Sauðárkrókur
Blönduós
1052
Héraðsvötn
1387
Akureyri
Grímsey
Raufarhöfn
Fontur
Húsavík
1210
Vatnajökuls-
þjóðgarður
(Jökulsárgljúfur)
891
Krafla
818
Dettifoss
Jökulsá á Fjöllum
Goðafoss
Mývatn
Vopnafjörður
Kollumúli
Smörfjöll
1035
1251
Hvammstangi
Flatey
923
Breiðafjörður
Blanda
Sprengisandur
Skjálfandafljót
Herðubreið
1682
Ódáðahraun
Jökulsá á Brú
Egilsstaðir
1055
Seyðisfjörður
Eskifjörður
Stykkishólmur
Búðardalur
I S L A N D
Þjóðgarður
Snæfellsjökull
1448
Hofsjökull
1765
1675
Eiríksjökull
Langjökull
Friðland í
Geitlandi
Borgarnes
1041
1350
Kaldakvísl
Þjórsá
Bárðarbunga
2000
1920
Vatnajökull
Grímsvötn
1719
Þrándar-
jökull
1248
Papey
Faxaflói
Glymur
Gullfoss
Þórisvatn
914
Þingvellir
Þingvalla-
vatn
REYKJAVÍK
Kópavogur
Hafnarfjörður
Keflavík
Reykjanestá
Eldey
Selfoss
Þjórsá
Hekla
1491
Hvolsvöllur
Ófærufoss
1190
818
Vatnajökuls-
þjóðgarður
Öræfajökull
Hvannadalshnúkur
2110
Höfn
Mýrabugur
Skeiðarársandur
Ingólfshöfði
Katla
1450
Skógafoss
Meðallands-
bugur
ISLAND
Heimaey
Surtsey
Dyrhóley
Vík í Mýrdal
Vestmannaeyjar
0
50 km

Maßstab 1:800 000

0 10 20 30 40 50 Kilometer

0 5 10 15 20 25 30 Miles

Qs
Qt
Qu
Ra
Rb
47
48
49
50
Siglunes
Saudanes
Siglufjörður
Hraun
Brúnastaðir
Fljótavík
Barð
Neskot
Skeiðsfossstöð
Knappstaðir
Lágheiði
276
Fell
Lónkot
Málmey
Höfðavatn
Hofsós
Gröf
Kolbeinsdalshnjúkar
Kolkuós
Hegranes
Bakki
Kýrholt
Neðri-Ás
Viðvík
Skúfstaðir
Hólar
Hofsstaðir
Hvarnmsfjall
Reykir
Rip
Frostastaðir
Glaumbær
Flugumýri
Varmahlíð
Víðimýri
Akrafjall
Miklibær
Kotagil
Reykir
Bakkaflöt
Silfrastaðir
Mælifell
Lýtingsstaðir
Villinganes
Gilsbakki
Merkigil
Goðdalir
Hof
Gil
Aðalmannsvatn
Eyvindarstaðaheiði
Ingólfsskáli
Skagatá
Hraun
Víkur
Rifsnes
Hafnir
Framnes
Keta
Ketubjörg
Aravatn
Skagaheiði
Hvalnes
Selnes
Drangey
Gauksstaðir
Skagafjörður
Örlygsstaðir
Hof
Skagi
Langav.
Hvammur
Reykir
Daðastaðir
Tindastóll
Fagranes
Spákonufelsborg
Þverá
Skagaströnd
Húnaflói
Sauðárkrókur
Höskuldsstaðir
Skrapatunga
Mýrar
Tröllí
Laxárdalsfjöll
Reynistaður
Blönduós
Hringvegur
Hjaltabakki
Geitaskarð
Holtastaðir
Ásar
Reykir
Svínavatn
Bólstaðarhlíð
Vatnsskarð
Hellufell
Auðkúla
Stóridalur
Hrafnabjörg
Bergsstaðir
Eldjárnsstaðir
Stafn
Krossanes
Tjörn
Illugastaðir
Ósar
Þorgrímsstaðir
Vesturhópshólar
Vatnsnes
Húnafjörður
Þingeyrar
Stóra-Giljá
Hnausar
Miðhóp
Vesturhópsvatn
Breiðabólsstaður
Vatnsdalur
Vatnsdalsfjall
Svínadalsfjall
Undirfell
Víðidalur
Víðidalsfjall
Hvammstangi
Víðidalstunga
Kolugil
Grímstunga
Kardalstunga
Dalfoss
Skessufoss
Kerafoss
Kolufoss
Litlahlíð
Grímstunguheiði
Auðkúluheiði
Fremrinámavatn
Mjóavatn
Blöndulón
Áfangafell
Helgufell
Hanskaf.
Kjalvegur
Stórisandur
Laugarbakki
Staðarbakki
Melstaður
Sandar
Mýrar
Brekkulækur
Finnmörk
Barkarstaðir
Núpsdalstunga
Miðfjörður
Hrútafjörður
Heggsstaðir
Balkastaðir
Guðlaugsvík
Hvalsá
Prestbakki
Reykir
Borðeyri
Fjarðarhorn
Staður
Húkur
Efri-Núpur
Aðalból
Brú
Melar
Geldingafell
Eiríksstaðir
Laxárdalur
Laxárdalsheiði
Sælusker
Fell
Krossnes
Norðurfjörður
Árnes
Gjögur
Reykjarfjörður
Kolbeinsvík
Kaldbakur
Laugarhóll
Bjarnarfjörður
Kaldrananes
Bjarnarnes
Drangsnes
Grímsey
Steingrímsfjörður
Kollafjarðanes
Broddanes
Skriðinsenni
Kollafjörður
Bitrufjörður
Gröf
Óspakseyri
Rjúpnafell
279

Maßstab 1:800 000

0 10 20 30 40 50 Kilometer

0 5 10 15 20 25 30 Miles

Ri
Rk
Rl
Rm
Rn
Ro
47
48
49
50
Arctic Circle
Hraunhafnartangi
Ásmundarstaðir
Raufarhöfn
Hóll
Ormarslón
Rakkanes
Þistilfjörður
Krossavík
Kollavík
Vellir
Rauðanes
Stóra-Viðarvatn
Sævarland
Svalbarð
Áland
Þórshöfn
Syðra-Áland
Gunnarsstaðir
Fjallalækjarsel
Svalbarðsnúpur
Búrfell
Hafralónsá
Lónafjörður
Grenjanes
Sauðanes
Heiðarhöfn
Brimnes
Skoruvíkurbjarg
Skoruvík
Fontur
Skálar
Langanes
Kumblavík
Eiði
Hlíð
Ytra-Lón
Kistufjall
Gunnólfsvíkurfjall
Gunnólfsvík
Finnafjörður
Bakkaflói
Helluland
Miðfjörður
Langanesströnd
Svartnes
Bakkafjörður
Fálkafoss
Skeggjastaðir
Veðramot
Draugafoss
Staðarheiði
Strandhöfn
Ljósaland
Hámundarstaðir
Vopnafjörður
Heljardalsfjöll
Hafralón
Stakfell
Syðri-Hágangur
Selá
Bjarnarey
Böðvarsdalur
Dyjafjall
Hellisheiði
Héraðsflói
Krossavík
Ketilsstaðir
Egilsstaðir
Hólmatunga
Húsey
Hauksstaðir
Vesturá
Burstarfell
Sunnudalur
Hnitbjörg
Víðirhóll
Haugsnibba
Hrútafjöll
Dimmifjallgarður
Grímsstaðir
Einarsstaðir
Smjörfjöll
Mássel
Sleðbrjótur
Hóll
Eyland
Unaós
Brimnes
Borgarfjörður
Dyrfjöll
Bakkagerði
Glettinganes
Sandbrekka
Hjaltastaður
Desjarmýri
Hofsá
Brunahvammur
Smjörvatnsheiði
Kirkjubær
Lagarfoss
Lagarfljót
Víðidalur
Pjóðfell
Litla-Steinsvað
Tjarnarland
Hvannstóð
Húsavík
Lágheiði
Sandfell
Tunguá
Stakkahlíð
Klyppstaður
Herfell
Loðmundarfjörður
Möðrudalur
Möðrudalsfjallgarðar
Hofteigur
Gil
Jökulsá á Dal
Hringvegur
Eiðar
Hjarðarhagi
Skeggjastaðir
Skjöldólfsstaðir
Gauksstaðir
Sandvatn
Hlaðir
Fellabær
Egilsstaðir
Dvergasteinn
Vestdalseyri
Seyðisfjörður
Skálanes
Eyrar
Dalatangi
Jökulsdalsheiði
Sænautav.
Sænauta-fell
Sænautasel
Gilsá
Anavatn
Arnórsstaðir
Hákonarstaðir
Jökuldalur
Fellaheiði
Fjarðarheiði
Fjörður
Brekka
Reykir
Mjóifjörður
Bardsneshorn
Neskaupstaður
Ás
Vallanes
Þrihyrningsvatn
Þverárvatn
Brú
Eiríksstaðir
Mjóanes
Stóra-Sandfell
Innra-Hólafjall
Norðfjarðargöng
Oddsskarð
Eskifjörður
Helgustaðir
Breidavík
Holmar
Reyðarfjörður
Brekka
Hallormstaður
Atlavík
Þingmúli
Grimsá
Arnardalsá
Darlindir
281

Maßstab 1:800 000

0 10 20 30 40 50 Kilometer

0 5 10 15 20 25 30 Miles

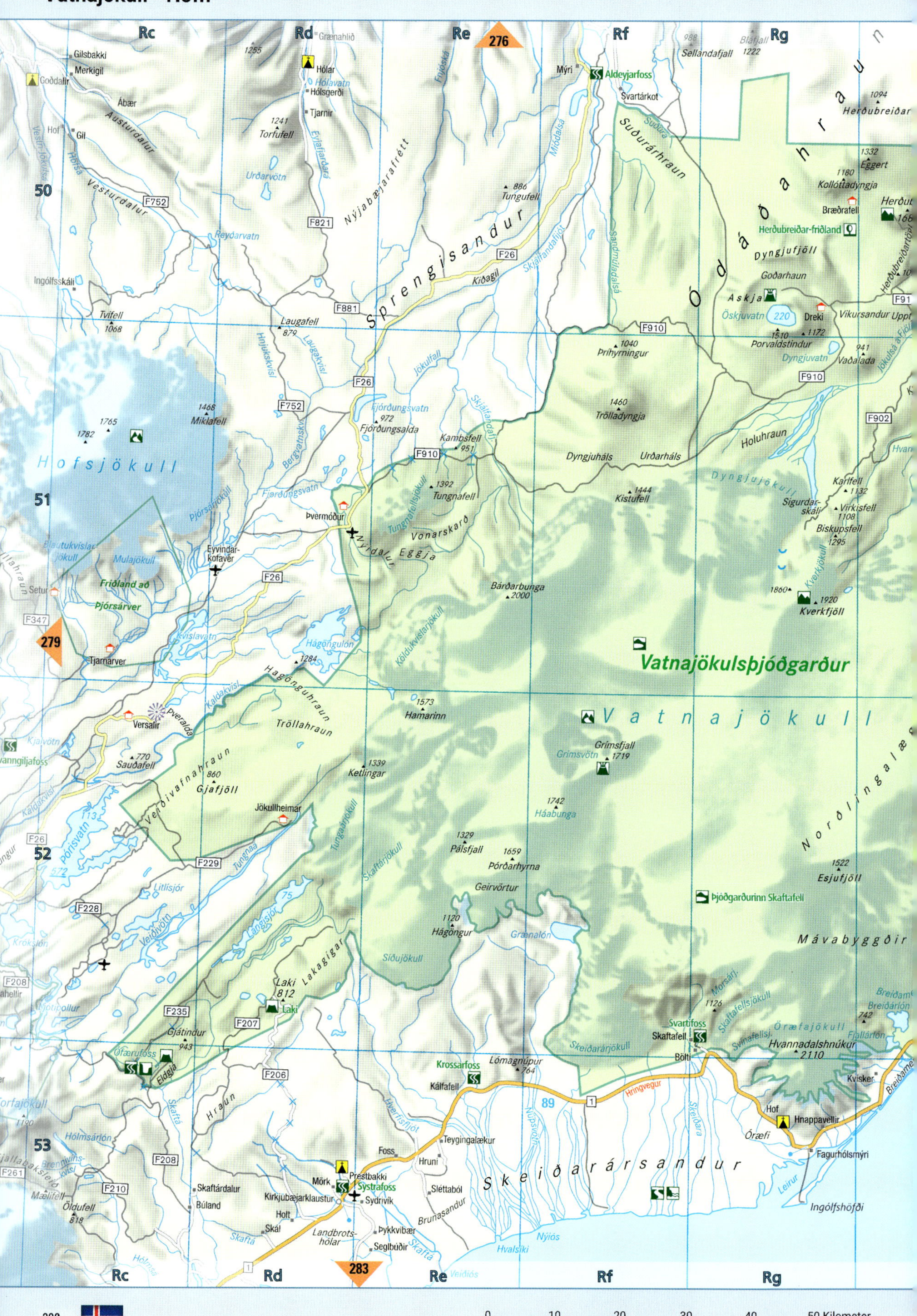

Maßstab 1:800 000

0 10 20 30 40 50 Kilometer

0 5 10 15 20 25 30 Miles

Ri
Rk
Rl
Rm
Rn
277
50
51
52
53
Möðrudalur
Hofteigur
Hjarðarhagi
Skjöldólfsstaðir
Gauksstaðir
Skeggjastaðir
Egilsstaðir
Fellabær
Seyðisfjörður
Neskaupstaður
Eskifjörður
Reyðarfjörður
Fáskrúðsfjörður
Stöðvarfjörður
Breiðdalsvík
Djúpivogur
Berufjörður
Kárahnjúkar Dam
Snæfell
Hallormsstaður
Papey
Höfn
Stafafell
Vestrahorn
Stokksnes
Hrollaugseyjar
Hali
Kálfafellsstaður
Lækjarhús
Flatey
Hoffell
Hvalnes
Eystrahorn

Maßstab 1:800 000

0 10 20 30 40 50 Kilometer

0 5 10 15 20 25 30 Miles

Rc
Rd
Re
Rf
Rg
280
281
51
52
53
54
F881
F910
F902
F26
F752
F347
F229
F228
F208
F261
F235
F207
F206
F210
1
204
209
215
Ingólfsskáli
Tvífell
1068
Laugafell
879
Hnjúkskvísl
Laugakvísl
Jökulfall
Fjórðungsvatn
972
Fjórðungsalda
Skjálfandafl.
Kambsfell
951
1040
Príhyrningur
1510
Porvaldstindur
Öskjuvatn
Dyngjuvatn
Vaðalda
941
1460
Tröllladyngja
Holuhraun
Dyngjuháls
Urðarháls
1468
Miklafell
1765
1782
Hofsjökull
Bergvatnskvísl
Fjórðungsvatn
Þjórsárjökull
Þvermóður
Nýidalur
1392
Tungnafell
Tungnafellsjökull
Vonarskarð
Eggja
1444
Kistufell
Dyngjujökull
Kárfell
1132
Virkisfell
1108
Sigurdarskáli
1295
Biskupsfell
1860
1920
Kverkfjöll
Kverkjökull
Bárðarbunga
2000
Blautukvíslarjökull
Múlajökull
Eyvindarkofaver
Setur
Friðland að Þjórsárver
Tjarnarver
Kvíslavatn
Hágöngulón
Köldukvíslarjökull
Vatnajökulsþjóðgarður
1284
Hágönguhraun
Tröllahraun
1573
Hamarinn
Vatnajökull
Versalir
Þveralda
Kaldakvísl
Grímsfjall
1719
Grímsvötn
Kjalvötn
Dynkur
770
Sauðafell
860
Gjáfjöll
Veiðivötnahraun
1339
Ketlingar
1742
Háabunga
Jökulheimar
Tungnaárjökull
Þórisvatn
113
572
Þóristungur
1329
Pálsfjall
1659
Þórðarhyrna
Skaftárjökull
Geirvörtur
Þjóðgarðurinn Skaftafell
Esjufjöll
1522
Litlisjór
Veiðivötn
Langisjór
75
1120
Hágöngur
Grænalón
Síðujökull
Krókslón
Landmannahellir
Ljótipollur
Laki
812
Lakagígar
Morsárj.
1126
Skaftafellsjökull
Öræfajökull
Svartifoss
Skaftafell
Bölti
Svínafellsj.
Hvannadalshnúkur
2110
Skeiðarárjökull
Gjátindur
943
Friðland að
Landmannalaugar
Fjallabaki
Hrafntinnusker
Ófærufoss
Eldgjá
Krossárfoss
Kálfafell
Lómagnúpur
764
89
Hringvegur
Hof
Hnappavellir
Öræfi
Fagurhólsmýri
Torfajökull
1190
Hólmsárlón
Skaftá
Hraun
Hverfisfljót
Teygingalækur
Núpsvötn
Skeiðará
Skeiðarársandur
Ingólfshöfði
Leirur
Hvanngil
Fjallabaksleið
Brennivínskvísl
701
Mælifellssandur
Mælifell
818
Öldufell
Skaftárdalur
Búland
Foss
Hruni
Prestbakki
Mörk
Systrafoss
Kirkjubæjarklaustur
Sýðrivík
Holt
Skál
Landbrotshólar
Sléttaból
Brunasandur
Þykkvibær
Seglbúðir
Hvalsíki
Núpsós
Veiðiós
Skaftárós
Eldhraun
Ásar
Botnar
Steinsmýri
72
Mýrdalsjökull
Katla
1450
Jökulkv.
Hólmsá
Leirá
Hrífunes
Hnausar
Eldvatn
Kúðafljót
Kötlujökull
Langholt
Efriey
Meðallandssandur
Herjólfsstaðir
Mýrar
Þykkvabæjarklaustur
Mýrdalssandur
Steig
Reynisbrekka
Hringvegur
12%
Reynir
Vík í Mýrdal
231
Hjörleifshöfði
Dyrhólaey

A

B

D

E

F

G

H

I

J

K

Register

G = Getty; L = Look; M = Mauritius Images; S = Shutterstock.com

Cover oben: Nick Fox/S (Kirkjufellsfoss und Berg Kirkjufell); Cover unten : Blue Planet Studio/S (Islandpferde); Rücken: VicPhotoria /S (Hallgrímskirkja Kirche in Reykjavík); Rückseite oben: G/nurdugphotos (Hafen von Reykjavík); Rückseite Mitte: Oleg Senkov/S (Landmannalaugar); Rückseite unten: G/Federica Gentile (Hafragilsfoss);

S. 002-003 G/Robert Postma; S. 004-005 C/Jeremy Walker ; S. 006-007 G/Tim Flach; S. 008-009 L/ClickAlps; S. 012-013 G/Páll Guðjónsson; S. 014-015 G/Arctic-Images; S. 016 M/Arctic-Images; S. 016 VicPhotoria/S ; S. 017 M/Alamy; S. 017 marcobrivio.photo/S ; S. 018 G/Travelpix Ltd; S. 018 L/age fotostock; S. 018 L/Thomas Stankiewicz; S. 020 M/Olaf Krüger; S. 020-021 Diego De Munari/S ; S. 021 G/Atlantide Phototravel; S. 021 M/Alamy; S. 021 KeongDaGreat/S ; S. 022-023 G/nurdugphotos; S. 022 G/Izzet Keribar; S. 023 M/Megan Whittaker ; S. 024-025 Vilena Krushinskaya/S ; S. 025 VicPhotoria/S ; S. 025 Dennis W Donohue/S ; S. 025 Pavel Svoboda Photography/S ; S. 026-027 L/NordicPhotos; S. 026 M/Juraj Kovacik ; S. 027 L/age fotostock; S. 028 G/Universal History Archive; S. 028-029 berni0004/S ; S. 029 G/fitopardo; S. 029 G/Education Images; S. 030-031 Ververidis Vasilis/S ; S. 031 G/Dave Bartruff; S. 031 G/fitopardo; S. 032-033 RPBaiao/S ; S. 034 G/Pall Gudjonsson; S. 034-035 G/Oscar Bjarnason; S. 035 G/Anders Blomqvist; S. 035 G/Gigja Einarsdottir; S. 036-037 M/Alamy; S. 037 M/Günter Lenz; S. 037 M/Richard Bradley ; S. 038-039 G/Nigel Killeen; S. 040-041 M/Catharina Lux; S. 040 M/Joana Kruse ; S. 041 M/Catharina Lux; S. 042 M/Alamy; S. 042-043 Andrew Mayovskyy/S ; S. 043 G/Johann S. Karlsson; S. 043 L/Minden Pictures; S. 043 M/Cyril Ruoso; S. 044-045 M/Kerstin Langenberger; S. 046 M/Warren Kovach ; S. 046 Rui Serra Maia/S ; S. 047 G/Páll Guðjónsson; S. 047 L/Rainer Mirau; S. 047 M/Alamy; S. 048-049 rayints/S ; S. 049 Barbara Wheeler/S ; S. 049 Barbara Wheeler/S ; S. 050 M/Joana Kruse ; S. 050-051 M/Moritz Wolf; S. 051 G/Oscar Bjarnason; S. 052-053 M/Dirk Bleyer; S. 054 MisterStock/S ; S. 054 Susann Guenther/S ; S. 055 G/Michael Thornton; S. 055 G/Stephanie K Schaub; S. 055 G/Matthew Micah Wright; S. 056-057 M/Cyril Ruoso; S. 057 G/Oscar Bjarnason; S. 057 G/Arctic-Images; S. 057 RuslanStrelnik/S ; S. 058 G/suraark; S. 058-059 G/Simon Bruty; S. 059 G/Nigel Pavitt; S. 059 M/Alison Thompson ; S. 060 Victoria Tori Dim/S ; S. 061 C/Layne Kennedy; S. 061 M/Alamy; S. 062-063 marcobrivio.photo/S ; S. 064 G/wildestanimal; S. 064 G/Alex Mustard; S. 064-065 G/Mathieu Meur; S. 066 G/Arctic-Images; S. 066 G/Arctic-Images; S. 066-067 Miroslav Denes/S ; S. 067 G/Michael Thornton; S. 067 G/Jon Hilmarsson; S. 067 M/Maurizio Sartoretto ; S. 068 G/Peerakit JIrachetthakun; S. 069 G/Anna Gorin; S. 069 b-hide the scene/S ; S. 070-071 G/Arctic-Images; S. 072-073 G/Gunnar Örn Árnason; S. 073 M/Alamy; S. 073 Marcin Krzyzak/S ; S. 074 M/Dirk Bleyer; S. 074-075 M/Alamy; S. 075 M/Oleg Boldyrev ; S. 076-077 G/subtik; S. 078 Alamy/Sebastian Wasek; S. 078 M/Alamy; S. 078-079 G/Fyletto; S. 078-079 G/William Yu; S. 080-081 G/Sjo; S. 080 M/Alamy; S. 081 M/Alamy; S. 082-083 G/Laurie Noble; S. 084-085 Johann Helgason/S ; S. 085 M/Alamy; S. 085 G/Peter Adams; S. 085 naten/S ; S. 086 G/Chris Hill; S. 086 G/Larus Karl Ingasson; S. 086 M/Joana Kruse ; S. 086-087 L/David Köster; S. 088-089 L/SagaPhoto; S. 089 L/age fotostock; S. 089 G/Jon Gibbs; S. 090-091 L/age fotostock; S. 092-093 Jiri Stoklaska/S ; S. 094 M/Mark Bauer; S. 094-095 Uhryn Larysa/S ; S. 095 wjarek/S ; S. 096 Leo Kohout/S ; S. 096-097 Oleg Senkov/S ; S. 097 Felix Nendzig/S ; S. 098-099 LouieLea/S ; S. 099 C/Hans Strand; S. 099 LouieLea/S ; S. 099 LouieLea/S ; S. 100-101 G/Micha Pawlitzki; S. 102 L/age fotostock; S. 103 G/Arctic-Images; S. 103 M/ChaviNandez ; S. 104 G/PEDRE; S. 104 G/Smari; S. 104-105 C/Olaf Krüger; S. 106-107 G/Paul Biris; S. 108-109 G/Attila Gereb; S. 108 Marco Specht/S ; S. 109 M/Alamy; S. 109 M/Ragnar Th Sigurdsson; S. 110 M/Manfred Valentin Ramminger; S. 111 C/Arctic-Images; S. 111 M/Yvette Cardozo ; S. 111 LaMantarraya/S ; S. 112-113 M/George Karbus; S. 114 L/Cavan Images; S. 114 L/ClickAlps; S. 114-115 M/Robert Haasmann; S. 115 M/Ragnar Th Sigurdsson; S. 116 G/Ekkachai Pholrojpanya; S. 116 G/Ralph Lee Hopkins; S. 116 G/Ramiro Torrents; S. 116-117 G/Erlend Haarberg; S. 118-119 G/Robert Haasmann; S. 118 DanielFreyr/S ; S. 119 M/Joan Gil ; S. 119 Creative by Nature/S ; S. 120-121 Dennis van de Water/S ; S. 121 G/Martin Moos; S. 121 L/David Köster; S. 122 G/Arctic-Images; S. 122 G/Günther Egger; S. 123 M/Dirk Bleyer; S. 122-123 M/Tuul & Bruno Morandi; S. 124-125 L/Spaces Images; S. 124 M/Christina Falkenberg; S. 125 G/My private photos on Flickr; S. 125 G/Patrick Dieudonne; S. 126-127 G/Robert Postma; S. 127 G/Wolfgang Kaehler; S. 127 G/Feifei Cui-Paoluzzo; S. 127 M/Wolfgang Poelzer; S. 128-129 M/Holger Burmeister ; S. 130 M/Harry Laub; S. 130 Magnusson/S ; S. 131 L/David Köster; S. 131 Magnusson/S ; S. 132-133 M/Michael Peuckert; S. 134-135 M/Alamy; S. 135 M/Alamy; S. 135 NickHeller/S ; S. 135 Johann Helgason/S ; S. 136 chrisontour84/S ; S. 137 Jane Rix/S ; S. 137 Mathias Berlin/S ; S. 138 M/Ragnar Th Sigurdsson; S. 138-139 Erin Crum/S ; S. 139 Andrey Bayda/S ; S. 140-141 M/Lille Ulven; S. 140 365 Focus Photography/S ; S. 141 G/Marzena Skubatz; S. 142-143 L/Daniel Schoenen; S. 144-145 G/JKboy Jatenipat; S. 144 M/Moritz Wolf; S. 145 M. Vinuesa/S ; S. 146 L/age fotostock; S. 146 M/Maurizio Sartoretto ; S. 147 M/Ivan Batinic ; S. 147 M/Alamy; S. 147 M/Alamy; S. 148 L/SagaPhoto; S. 148-149 L/N. Eisele-Hein; S. 149 G/abe; S. 149 G/Saleh AlRashaid; S. 150 M/Maurizio Sartoretto ; S. 151 M/Maurizio Sartoretto ; S. 151 M/Alamy; S. 151 Chalie Chulapornsiri/S ; S. 152 Jason Kolenda/S ; S. 152 marcobrivio.photo/S ; S. 153 M/Christian Handl; S. 153 Ekaterina McClaud/S ; S. 154-155 G/Chalermkiat Seedokmai; S. 156 M/Elisabeth Schmidbauer; S. 156-157 M/Richard Bradley ; S. 157 Igor Tichonow/S ; S. 158 G/Jón Pálmason; S. 158-159 G/Dennis Fischer; S. 159 G/Ashley Cooper; S. 160-161 M/Ashley Cooper; S. 162-163 G/Anna Gorin; S. 163 G/Anna Gorin; S. 163 M/Dirk Bleyer; S. 163 M/Christian Handl; S. 164-165 L/age fotostock; S. 166 M/Ragnar Th Sigurdsson; S. 166 MintImages/S ; S. 167 M/nature picture library; S. 167 M/Ragnar Th Sigurdsson; S. 168-169 VicPhotoria/S ; S. 169 Michae Le/S ; S. 169 Michal Sarauer/S ; S. 169 365 Focus Photography/S ; S. 170-171 M/Henk Meijer ; S. 171 G/Federica Gentile; S. 171 M/Rafael Angel Irusta Machin ; S. 171 M/Philip Mugridge ; S. 172-173 Oleg Senkov/S ; S. 173 G/Hubert Stadler ; S. 173 Jaroslav Jaroslavsson/S ; S. 174-175 M/Dirk Bleyer; S. 174 G/Anna Gorin; S. 175 M/Dirk Bleyer; S. 176 G/Einar Schioth; S. 176 M/Jussi Murtosaari; S. 176 M/Rami Aapasuo ; S. 176-177 M/Gerhard Zwerger-Schoner; S. 178-179 C/Arctic-Images; S. 180 Alamy/Daniel Bergmann; S. 180 Alamy/Daniel Bergmann; S. 180-181 Jason Tong/S ; S. 180 Frank Fichtmueller/S ; S. 181 L/Design Pics; S. 181 Fotokon/S ; S. 182-183 L/Thomas Stankiewicz; S. 182-183 Dajahof/S ; S. 183 G/Dave Bartruff; S. 184 M/Alamy; S. 184 M/Alamy; S. 184 M/Alamy; S. 184 M/Alamy; S. 184-185 G/Tim E White; S. 186 lowpower225/S ; S. 187 G/Arctic-Images; S. 187 M/Piers Howell ; S. 187 f11photo/S ; S. 188 L/age fotostock; S. 188-189 M/Maurizio Sartoretto ; S. 189 G/larigan - Patricia Hamilton; S. 189 M/Inger Helene Boasson; S. 190-191 G/Ingolfur Bjargmundsson; S. 192 Gustavo MS_Photography/S ; S. 192 Gustavo MS_Photography/S ; S. 193 G/Klaus Lang; S. 193 M/Alamy; S. 194-195 M/Olaf Krüger; S. 196-197 M/Olaf Krüger; S. 197 G/Philippe Brunoro; S. 197 G/Feifei Cui-Paoluzzo; S. 197 M/Dirk Bleyer; S. 198-199 G/subtik; S. 200-201 M/Dr. Torsten Heydenreich; S. 201 M/Stefan Auth; S. 201 Alla Khananashvili/S ; S. 201 Alla Khananashvili/S ; S. 202 M/Michael Peuckert; S. 203 M/Olaf Krüger; S. 203 M/Alamy; S. 203 Landscape Nature Photo/S ; S. 204-205 G/Christian Handl; S. 206 L/SagaPhoto; S. 206 L/SagaPhoto; S. 206 L/NordicPhotos; S. 206 M/Denis Palanque; S. 206-207 M/Denis Palanque; S. 208-209 M/Olaf Krüger; S. 210 M/Alamy; S. 210 LouieLea/S ; S. 211 G/WIN-Initiative; S. 211 M/Karsten Wrobel ; S. 212 M/Joan Gil ; S. 213 G/Feifei Cui-Paoluzzo; S. 214 G/Kleve Photography; S. 214 M/Olaf Krüger; S. 215 M/Dirk Bleyer; S. 215 David J Martin/S ; S. 216-217 G/O. Haarberg; S. 218 M/Dirk Bleyer; S. 218 M/Alamy; S. 219 M/Haraldur Stefansson ; S. 219 Gimas/S ; S. 220-221 M/Alamy; S. 221 G/Jonathan Irish; S. 221 M/Konrad Wothe; S. 222 M/Dirk Bleyer; S. 222-221 Kiran Photo/S ; S. 223 Vitalii Matokha/S ; S. 224 G/Wei Hao Ho; S. 225 M/Jon Gibbs ; S. 225 M/Snorri Gunnarsson ; S. 226-227 M/Olaf Krüger; S. 228 L/Minden Pictures; S. 228 Bubbur/S ; S. 229 M/Ulrich Reichel; S. 229 G/Feifei Cui-Paoluzzo; S. 229 G/Feifei Cui-Paoluzzo; S. 229 M/Haraldur Stefansson ; S. 229 M/Alamy; S. 230 Pavel Svoboda Photography/S ; S. 231 G/Bernd Willeke; S. 232-233 G/Wei Hao Ho; S. 232 M/Alamy; S. 233 M/Alamy; S. 234-235 G/Chalermkiat Seedokmai; S. 236 M/Catharina Lux; S. 236 M/Eric Nathan; S. 237 G/Marisa Vega; S. 237 bkolodziej/S ; S. 238-239 G/Daniel Bosma; S. 238 G/Christoph Wagner; S. 239 M/Karin De Winter ; S. 240 M/Alamy; S. 241 G/Arctic-Images; S. 241 M/Martin Hierck; S. 242 G/Byron Tanaphol Prukston; S. 242 M/Alan Novelli; S. 243 M/purestock; S. 242-243 G/Matt Champlin; S. 244 M/Christopher Lund; S. 244-245 G/de Winter - Van Rossem; S. 245 G/Sergey Alimov; S. 246-247 G/Southern Lightscapes-Australia; S. 248 G/Christophe Lehenaff; S. 248-249 G/Alan Novelli; S. 249 G/Drazen Lovric; S. 250 G/Arctic-Images; S. 250 bchyla/S ; S. 251 G/Arctic-Images; S. 251 Nur Ismail Photography/S ; S. 252-253 G/Páll Jökull; S. 254 G/Örvar Atli Þorgeirsson; S. 254-255 M/Alamy; S. 255 G/Sonyara; S. 255 M/Rainer Mirau; S. 255 Creative Travel Projects/S ; S. 256-257 G/Samuli Vainionpää; S. 258-259 G/Johnathan Ampersand Esper; S. 261 L/ClickAlps; S. 261 Federico Cappone/S ; S. 262 L/age fotostock; S. 263 G/Hubert Stadler ; S. 263 G/Einar Schioth; S. 263 G/Travelpix Ltd; S. 263 G/Páll Jökull; S. 263 Erin Crum/S ; S. 264 Susann Guenther/S ; S. 265 M/Alamy; S. 265 G/Gunnar Örn Árnason; S. 265 G/Peerakit JIrachetthakun; S. 265 Luster Designs/S ; S. 265 marcobrivio.photo/S ; S. 266 C/Kevin Schafer; S. 267 M/Alamy; S. 267 L/age fotostock; S. 267 M/Alamy; S. 267 L/Thomas Stankiewicz; S. 267 Oleg Senkov/S ; S. 268 G/Wei Hao Ho; S. 269 G/Johnathan A. Esper; S. 269 G/Wei Hao Ho; S. 269 L/Minden Pictures; S. 269 M/Olaf Krüger; S. 269 M/Alamy; S. 270-271 G/PEDRE

MAIRDUMONT GmbH & Co. KG, Ostfildern
Kistlerhofstr. 111
81379 München
Telefon +49.89.45 80 20-0
www.kunth-verlag.de
info@kunth-verlag.de

ISBN: 978-3-96965-091-2
1. Auflage

Printed in the EU

Verlagsleitung: Grit Müller
Text: Jutta M. Ingala, Randolf Leyk, Andrea Lammert
Redaktion: Martin Waller • Werkstatt München, Buchproduktion
Gestaltung: Verena Ribbentrop

Kartografie: © MAIRDUMONT GmbH & Co. KG, Marco-Polo-Straße 1, D-73751 Ostfildern,

Lust auf noch mehr Reise?

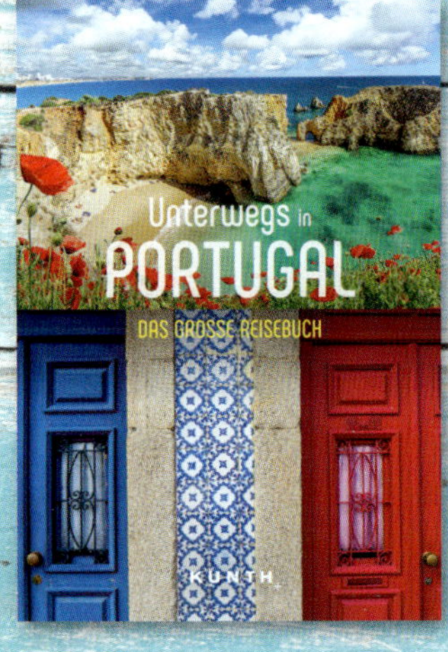

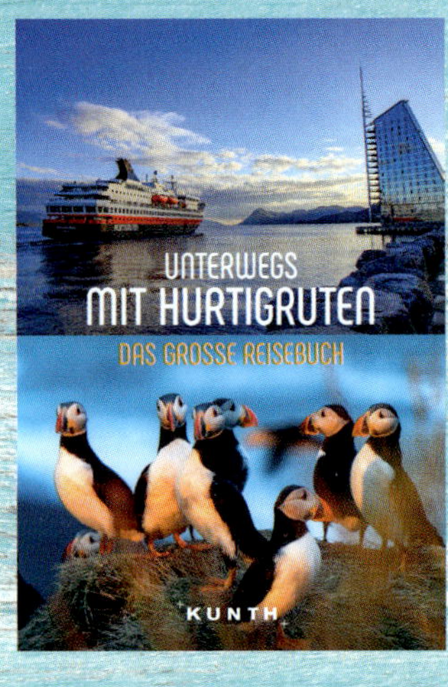

KUNTH